CASTALIA
DIDÁCTICA
14

FUENTE OVEJUNA

COLECCIÓN DIRIGIDA POR
PEDRO ÁLVAREZ DE MIRANDA

LOPE DE VEGA

FUENTE OVEJUNA

EDICIØN DE
MARÍA TERESA LÓPEZ GARCÍA-BERDOY
Y
FRANCISCO LÓPEZ-ESTRADA

CASTALIA
DIDÁCTICA

Consulte nuestra página web: https://www.castalia.es

CASTALIA
EDICIONES

es un sello propiedad de
Diputación, 262, 2º1ª
08007 Barcelona
Tel. 93 494 97 20
E-mail: info@castalia.es

edhasa

Edición original en Castalia: 1987
Primera edición: julio de 2012
Primera reimpresión: julio de 2014
Segunda reimpresión: septiembre de 2016
Tercera reimpresión: mayo de 2019

© de la edición: María Teresa López García-Berdoy, 2012
© de la presente edición: Edhasa (Castalia), 2012

Ilustración de cubierta: Manuel Ferrán Bayona: *Antonio Pérez libertado de la cárcel de los Manifestados por el pueblo de Zaragoza en 1591* (1864, detalles). Museo Nacional del Prado, Madrid.
Diseño gráfico:RQ.

ISBN 978-84-9740-502-7
Depósito Legal B-16559-2012

Impreso en Liberdúplex
Impreso en España

SUMARIO

Lope de Vega y su tiempo.. 6

Introducción 15
       I. La comedia española...................................... 16
      II. Lope de Vega y Fuente Ovejuna..................... 20
     III. Fortuna literaria de Fuente Ovejuna 24

Bibliografía... 27

Documentación gráfica... 29

Nota previa 35

Fuente Ovejuna 37
        Acto primero.. 39
        Acto segundo 77
        Acto tercero... 115

Documentos y juicios críticos 157

Orientaciones para el estudio de *Fuente Ovejuna*..................... 187
      Argumento.. 187
      Temas 189
      Personajes 191
      Estructura 195
      Técnica 199
      Estilo.. 200
      Métrica... 203
      Sentido de Fuente Ovejuna...................................... 204

LOPE DE VEGA Y SU TIEMPO

Año	Acontecimientos históricos	Vida cultural y artística
1562	Reanudación del Concilio de Trento. Comienzan en Francia las guerras contra los hugonotes.	Comienzos de la construcción de El Escorial.
1564	Muere el emperador Fernando I, le sucede Maximiliano II. Fin del Concilio de Trento.	Nacen Shakespeare y Galileo. Se publican en Valencia las continuaciones de la *Primera Diana:* la de A. Pérez y la de Gil Polo.
1568	María Estuardo es destronada. Sublevación de los moriscos en las Alpujarras.	Nace el músico Monteverdi.
1571	Victoria de Lepanto frente a los turcos.	
1572	Noche de San Bartolomé: matanza de veinte mil hugonotes en Francia.	*Crónica,* de Rades: cuenta el caso de Fuente Ovejuna.
1574		Nace A. Mira de Amescua.
1575	Segunda bancarrota estatal española.	Se inauguran varios corrales de comedias en Sevilla, Madrid y Valladolid.
1577		Nace Rubens. El Greco se instala en Toledo.
1578	Muerte del rey don Sebastián de Portugal en Alcazarquivir. Proceso contra Antonio Pérez.	Segunda parte de la *Araucana,* de Ercilla.
1580	Felipe II hereda la corona de Portugal.	Nace F. de Quevedo. F. de Herrera anota las obras de Garcilaso. *Ensayos,* de Montaigne.
1582		Se inaugura el Corral de la Pacheca (Madrid).
1583		*La perfecta casada, De los nombres de Cristo,* de Fray Luis de León. *Camino de perfección,* de Santa Teresa de Jesús.

Vida y obra de Lope de Vega
Nace el 25 de noviembre en Madrid. Su padre es bordador de oficio.
Estudia las primeras letras con Vicente Espinel.
Estudia en el Colegio Imperial de la Compañía de Jesús.
Estudia en Alcalá. Está al servicio del obispo don Jerónimo Manrique de Lara.
Muere su padre, Félix de Vega.
Por estas fechas entra al servicio del Marqués de las Navas.
Estancia en la Universidad de Salamanca.
Toma parte en la conquista de las Azores. Conoce a Elena Osorio (Filis, protagonista de *La Dorotea)*, con la que tendrá unos tormentosos amores. Compone poesías y alguna comedia.

Año	Acontecimientos históricos	Vida cultural y artística
1584	Traslado de la Corte a El Escorial.	*La Numancia*, de Cervantes. Se inaugura un teatro en Valencia. Nace Tirso de Molina.
1587	La ejecución de María Estuardo desencadena la guerra abierta de Inglaterra con España.	
1588	Fracaso de la Armada Invencible.	*Libro de su vida, Las Moradas*, de Santa Teresa de Jesús.
1589		
1590	Antonio Pérez se fuga de la prisión y se va a Francia.	
1594		
1596	Infructuoso ataque de Inglaterra contra España (Cádiz).	Nace Descartes.
1598	Felipe II abdica los Países Bajos en su hija Isabel Clara Eugenia. Muere Felipe II, le sucede Felipe III. Privanza del duque de Lerma.	Nacen Zurbarán y Bernini. Cierre de los teatros españoles por muerte de una infanta.
1599	Infructuoso ataque de España contra Inglaterra. Matrimonio de Felipe III con Margarita de Austria.	Primera parte del *Guzmán de Alfarache*, de Mateo Alemán. Nacen Velázquez, Van Dyck y Borromini.
1600	Traslado de la Corte a Valladolid.	Nace Calderón de la Barca. En Córdoba se inaugura otro corral. Se publica el *Romancero General*. *Hamlet*, de Shakespeare.
1602		*Segunda Parte del Guzmán*, de Mateo Alemán.
1604	Paz de Londres, con Inglaterra.	*Otelo*, de Shakespeare.

Vida y obra de Lope de Vega
Detenido por la denuncia de los hermanos de Elena Osorio.
Rapta y se casa con Isabel de Urbina (Belisa). Se alista en la Armada Invencible. Destierro en Valencia, contacto con su teatro. Compone poesías, romances y comedias, ya de forma regular.
Muere su madre, Francisca Fernández Flores.
Entra al servicio del Marqués de Malpica, trasladándose a Toledo, y luego al del Duque de Alba, trasladándose a Alba de Tormes.
Muere Isabel de Urbina y su segunda hija.
Va a vivir a Madrid. Conoce a la actriz Micaela Luján (Camila Lucinda), con la que tendrá prolongados amores.
Se casa con Juana de Guardo. Entra al servicio del Marqués de Sarria. *La Arcadia*, *La Dragontea*. Estalla su enemistad con Góngora.
Ya es conocido como Fénix de los Ingenios. *El Isidro*. Se despide del servicio del Marqués y se dedica, casi exclusivamente, a componer comedias.
Vive en Valladolid, va y viene a Toledo.
Viaja a Sevilla detrás de Micaela Luján. *Rimas humanas*.
Se inicia la publicación de sus *Comedias (Parte I)*. *El peregrino en su patria*, novela bizantina. Se traslada a Toledo.

Año	Acontecimientos históricos	Vida cultural y artística
1605		Primera parte de *El Quijote,* de Cervantes. *El rey Lear,* de Shakespeare.
1606	Traslado de la Corte a Madrid.	Nacen Rembrandt y Corneille.
1609	Tregua de los doce años en los Países Bajos. Expulsión de los moriscos.	*Comentarios reales,* del Inca Garcilaso de la Vega. *Tratado contra los juegos públicos,* donde el padre Mariana condena la comedia.
1610	Asesinato de Enrique IV de Francia.	Muere Juan de la Cueva. Galileo inventa el telescopio.
1611		Copias del *Polifemo* y de *Las Soledades,* de Góngora, circulan por Madrid. *Tesoro de la lengua,* de Covarrubias, donde se citan los hechos de Fuente Ovejuna.
1612	Éxitos españoles en el norte de Italia.	Nace Cristóbal de Monroy.
1613		*Novelas ejemplares,* de Cervantes.
1614	Fiestas por la beatificación de Teresa de Jesús.	*El Quijote,* de Avellaneda. *El condenado por desconfiado,* de Tirso de Molina.
1615		*Ocho comedias y ocho entremeses,* de Cervantes. Segunda parte del *Quijote. El burlador de Sevilla,* de Tirso de Molina.
1616		Mueren Cervantes y Shakespeare. Harvey estudia la circulación de la sangre.
1617	Paz de Pavía.	Nace Murillo.
1618	Comienza la Guerra de los Treinta Años.	*Obras espirituales,* de San Juan de la Cruz. *Marcos de Obregón,* de Vicente Espinel. Nace Agustín Moreto.

Vida y obra de Lope de Vega
Inicia el epistolario con el Duque de Sessa, a cuyo servicio entra.
Jerusalén conquistada. Arte nuevo de hacer comedias. Primera crisis religiosa: ingresa en la Congregación de Esclavos del Santísimo Sacramento. Segunda parte de las *Comedias*.
Se instala en Madrid.
El villano en su rincón. Ingresa en la Orden Tercera de San Francisco.
Muere Micaela Luján; recoge a sus dos hijos. *Soliloquios. Los pastores de Belén,* libro de pastores a lo divino. Tercera parte de sus *Comedias*.
Muere su hijo Carlos Félix. Muere su esposa Juana de Guardo. *La dama boba.*
Se ordena sacerdote en Toledo. *Rimas sacras.* Cuarta parte de las *Comedias*.
Quinta parte de sus *Comedias*.
Conoce a Marta de Nevares (Amarilis, Marcia Leonarda), con la que vivirá.
Empieza a publicar personalmente sus *Comedias;* en 1647 había veinticinco partes publicadas. Enfrentamiento con los preceptistas aristotélicos y con Góngora y sus partidarios.

Año	Acontecimientos históricos	Vida cultural y artística
1619		*Poesías*, de Herrera, editadas por Pacheco.
1621	Fin de la guerra de los doce años. Muere Felipe III, le sucede Felipe IV. Privanza del Conde Duque de Olivares.	Nace La Fontaine.
1622		Nace Molière.
1624	Richelieu es nombrado ministro de Luis XIII.	
1625	Carlos I sucede a Jacobo I en Inglaterra. Rendición de Breda.	Segunda parte de las *Comedias*, de Guillén de Castro.
1627		*Cántico espiritual*, de San Juan de la Cruz. *Los sueños*, de Quevedo. *Obras en verso*, de Góngora. Primera parte de las *Comedias*, de Tirso de Molina.
1632		*La devoción de la Cruz*, de Calderón. Nace el filósofo Locke.
1634		Segunda parte de las *Comedias*, de Ruiz de Alarcón. *La prudencia en la mujer*, de Tirso de Molina.
1635	Richelieu declara la guerra a España y a Austria.	*La vida es sueño*, de Calderón. Fundación de la Academia Francesa.

Vida y obra de Lope de Vega
La Filomena. Su hijo Lope Félix inicia la carrera de las armas; su hija Marcela ingresa en las Trinitarias descalzas.
La Circe. Novelas a Marcia Leonarda.
Parte XX de sus *Comedias.* Ingresa en la congregación de San Pedro.
Corona trágica, Urbano VIII le concede el tratamiento de frey y el título de doctor en teología. Marta de Nevares, ciega.
Muere Marta de Nevares. *La Dorotea.*
Rimas de Tomé de Burguillos. Muere su hijo Lope Félix. Su hija Antonia Clara es raptada por un caballero. *Las Bizarrías de Belise,* última comedia.
Muere el 27 de agosto.

Introducción

Lope de Vega, autor dramático

Lope de Vega y Carpio (1562-1635) es uno de los escritores más prolíficos de nuestra literatura; fue autor de abundante poesía, algunas novelas y, sobre todo, de muchísimas obras teatrales, hasta el punto de que fue el mas famoso de entre los numerosos dramaturgos de su época, creador además de una fórmula teatral nueva conocida como la «comedia española».

Una obra de teatro no es un libro para la lectura personal, sino que requiere su presentación ante un público; es, por lo tanto, un género complejo en el que intervienen diversidad de elementos que han de conjugarse. Los elementos básicos necesarios para la representación de una obra dramática de corte tradicional son los siguientes:

a) Una *teoría literaria* previa.

b) Un *autor* que se acomoda a esta teoría literaria.

c) El *texto* de la obra.

Hasta aquí todo ocurre como en cualquier otro género, pero la obra de teatro exige además:

d) La *representación*

e) Por unos *intérpretes*

f) Ante un *público*.

g) Que se encuentra en un *local*.

La lectura de *Fuente Ovejuna* puede verse enriquecida si conocemos un poco cómo funcionaban estos elementos en tiempos de Lope de Vega.

I. *La comedia española*

*La teoría literaria clásica y
la comedia española*

La teoría dramática fue fijada por Aristóteles en la Antigüedad e influyó grandemente en el desarrollo del teatro. En su *Poética* reconoció dos clases de obras dramáticas: la tragedia y la comedia.

La tragedia es una representación seria de una acción importante que ocurre entre personajes nobles y/o dioses y que tiene un final trágico, mientras que la comedia muestra una acción común entre personajes de otras clases sociales, y acaba felizmente.

En cuanto a las unidades dramáticas de espacio, tiempo y acción, aunque Aristóteles no fue tan terminante, los tratadistas más exigentes las fijaron así: acción única (dolorosa si es tragedia, alegre si es comedia) que debe desarrollarse en un único lugar y en un solo día. Esta acción, según algunos tratadistas del siglo XVI, debía desenvolverse a lo largo de cinco actos.

En España, como en otros países de Europa, hubo autores que aceptaron estas normas y otros que las rechazaron por considerarlas excesivamente inflexibles, poco «naturales», y porque querían proseguir por la vía de una corriente de teatro popular que llevaba ya su propia andadura y era bien recibida por el público. Esta segunda tendencia fue la que triunfó al fin, debido en gran parte al genio de Lope de Vega.

Lope no creó de la nada, sino que recogió una tradición y una práctica del teatro precedente en los que se reunían la herencia medieval y las obras, de tendencias renovadoras, de algunos autores renacentistas del siglo XVI. A este conocimiento se unió su experiencia personal, ya que vivió muy de cerca el mundo del teatro; tuvo relaciones con comediantas, asistía a las representaciones estudiando las reacciones del público y procuró escribir sus textos dramáticos ateniéndose a lo que pedía y le gustaba.

Con todo ello Lope orientó la creación de sus obras teatrales hacia una organización dramática que acabó por imponerse como la fórmula general de la llamada «comedia española», a la que en líneas generales se atuvo el teatro posterior hasta que el criterio neoclásico del siglo XVIII procuró variarla, volviendo a las normas clásicas.

Lope no sólo fue autor dramático sino que también teorizó acerca del teatro en numerosas ocasiones, y en el *Arte nuevo de hacer comedias en este tiempo* (1609), expone algunas de las características de su teoría dramática defendiéndolas frente a los cultos por corresponder al gusto del público.

La crítica ha estudiado a fondo tanto la teoría como la praxis de la comedia española en Lope y ha señalado una serie de rasgos generales que se cumplen en mayor o menor medida en las obras concretas y que conviene conocer para poder observar hasta qué punto *Fuente Ovejuna* se atiene o no a ellos. Estos rasgos característicos de la comedia española son los siguientes:

1) Se quiebra la tajante oposición clásica entre tragedia y comedia, surgiendo un género mixto, la tragicomedia, que participa de rasgos de ambas en cuanto a las situaciones y a los personajes.

2) Se rompe la rigidez de la unidad de tiempo y de lugar; en la comedia española dependerán de lo que exija la historia, aunque Lope aconseja que el tiempo no se dilate en exceso.

3) La unidad de acción no se respeta a rajatabla, puesto que en numerosas ocasiones se da una intriga secundaria que va paralela a la principal y la complementa, pero Lope indica que se eviten intrigas superfluas y no inherentes al asunto.

4) Se impone la división en tres actos, correspondientes al planteamiento, nudo y desenlace; la solución del conflicto debe darse en las últimas escenas para mantener vivo el interés del público hasta el final.

5) Las comedias se escriben en verso y se utiliza la polimetría, la variedad de versos y de estrofas. Se fija, en términos generales, una relación entre la situación y la versificación (romance para narraciones, tercetos para asuntos graves, etc.).

6) Dentro de un convencionalismo creado por el género literario, los personajes deben usar un lenguaje adecuado a su con-

dición social y cultural. En general suelen ser personajes tipo (la dama, el galán, la criada, el criado, el viejo, el poderoso), que cumplen su función y en cuya sicología no suele ahondarse. Especial relieve tiene la figura del donaire o gracioso (que suele corresponder al criado); es el contrapunto festivo del protagonista y suele ser cobarde y materialista.

7) Suelen intercalarse en la obra fragmentos líricos, canciones populares o creadas por el autor y bailes, más o menos relacionados con la acción; en general se da una fusión entre lo culto y lo popular.

8) Los temas de las comedias son muy variados, aunque los asuntos principales suelen ser los amorosos, de honor, religiosos, de la historia europea, sobre todo de la española o se toman de obras de otros géneros.

La representación teatral en tiempos de Lope

Las representaciones se hacían por la tarde y debían terminar antes de ponerse el sol. Esto evitaba por una parte que hubiera que iluminar el escenario y por otra que hubiese lances violentos entre el público durante la obra y a la salida.

El espectáculo no consistía sólo en la representación de la comedia. Generalmente se comenzaba por una *loa* para captarse la simpatía y atención del público; a continuación el primer acto o «jornada» de la comedia, luego un entremés, el segundo acto de la comedia, un baile, el tercer acto y, como despedida, una *mojiganga* o *fin de fiesta*.

La escenografía solía ser bastante sencilla en los teatros públicos: un telón de fondo, entradas laterales y poco más; las referencias que hacían los personajes en sus diálogos los situaban en su entorno y, por tanto, la palabra —y por otra parte su efecto en la imaginación de los espectadores— suplía la pobreza del decorado. Las comedias de santos y mitológicas y las representaciones cortesanas sí solían usar más recursos escenográficos. Hacia 1620 se fue intensificando el gusto por los efectos escénicos y la decoración cobró mayor importancia.

Los intérpretes de la comedia española

El autor o «poeta» vendía su obra a una compañía profesional de cómicos, perdiendo con ella sus derechos sobre la misma; el director de la compañía (el «autor», como se le llamaba en la época) o los mismos actores podían modificarla o revenderla a su vez a otra compañía. Por ello es difícil a veces fijar con exactitud el texto de una obra tal como salió de manos del «poeta».

El papel del «autor» y los actores era muy importante, pues de la puesta en escena que realizaran y de su interpretación dependía el éxito de la obra. Ellos estaban más cerca del público, conocían mejor sus gustos y preferencias y procuraban satisfacerlos; a cambio recibían la admiración popular hasta el punto de que a veces acudían más por verlos a ellos que a la obra del autor.

El corral de comedias y el público

El público asistía a las representaciones en el corral de comedias, que era inicialmente el patio interior de una manzana de casas. Las ventanas y balcones eran las mejores localidades y servían de palcos al público más distinguido; los demás se separaban por sexos, las mujeres se instalaban en la «cazuela», galería frente al escenario, y los hombres se quedaban de pie en el patio.

La comedia española triunfó sobre todo en las grandes ciudades de la Monarquía de los Austrias (Madrid, Sevilla, Valencia, Barcelona, etc., en la península, y México, Lima, etc., en los virreinatos de América), y fue aceptada por amplios grupos de la población. El público era quien pagaba y mantenía las compañías, y, por lo tanto, se le ofrecía lo que más podía gustarle: temas que lo apasionaran, formas que lo entretuvieran y contenidos que respondieran a su mentalidad. Esto explica el parecido temático, estructural y formal —dentro de su variedad argumental— de las obras que componen el teatro del Siglo de Oro, así como el hecho de que respondan a la ideología dominante en su tiempo.

Parece ser que el público era bastante asiduo, pues las obras se renovaban continuamente; era raro que duraran más de dos días en cartel. Esto hacía que hubiera una gran demanda de obras, que los dramaturgos o «poetas» debían satisfacer.

II. *Lope de Vega* y Fuente Ovejuna

Fuentes de la comedia

Lope era uno de los autores más solicitados y poseía una increíble capacidad creativa: han llegado a atribuírsele 1.800 comedias, cifra que la crítica actual considera exagerada. De todas formas, estimaciones moderadas dan como conocidas hoy —¡y cuántas se perderían!— 317 auténticas, 27 muy probables y 74 dudosas. [1]

Por tanto, Lope hubo de valerse de argumentos de muy diferente especie: históricos, legendarios, de costumbres y aventuras urbanas (o de capa y espada), pastoriles, mitológicos, religiosos, etc. Muchos de estos argumentos los buscó y encontró en toda clase de libros y en relatos legendarios de procedencia erudita o folklórica. Se interesaba por cualquier tema que pudiera verter en el molde formal de la comedia y que pudiera interesar y agradar al público.

En el caso de *Fuente Ovejuna*, Lope recogió muy probablemente el asunto de la *Chrónica de las tres Órdenes y Cavallerías de Santiago, Calatrava y Alcántara...* escrita por el licenciado frey Francisco de Rades y Andrade, publicada en Toledo en 1572. Este libro es una historia de las Órdenes Militares escrita para la lectura de los nobles de Felipe II y de los que, como Lope, que era hidalgo, apoyaban estos principios de orden social. El texto referente a los sucesos ocurridos en Fuente Ovejuna [2] (que

---

[1] S. Griswold Morley y Courtney Bruerton, *Cronología de las Comedias de Lope de Vega*, Madrid, Gredos, 1968.

[2] Villa situada en la provincia de Córdoba. Este nombre de lugar puede aparecer también escrito como *Fuenteovejuna, Fuente Obejuna* o *Fuenteobejuna*.

aparece en los folios 79 vuelto a 80 vuelto) lo reproducimos en
los documentos y juicios críticos con el fin de que pueda ob-
servarse el uso que hizo Lope de esta fuente, en qué puntos se
mantuvo fiel a ella y qué elementos creativos introdujo en su
obra. Es posible que, además, Lope tuviera noticia del levantamiento de la villa de Fuente Ovejuna por la tradición oral (pro-
verbios y refranes) o por otras historias o menciones del hecho.[3]

Lope amplió el breve relato que aparece en la *Crónica* de Rades para llenar la extensión de los tres actos propios de la comedia. Para ello introdujo una segunda acción: la toma de Ciudad Real por el Maestre de Calatrava. Este hecho aparece asimismo en la *Crónica* de Rades relatado un poco antes que los
sucesos de Fuente Ovejuna. Su inclusión en la comedia da una
mayor amplitud al tema, pues con esta segunda acción la obra
ya no sólo trata del levantamiento de un pueblecito contra su
señor, sino que este hecho queda enmarcado en el contexto de
la guerra de sucesión a la muerte de Enrique IV entre Juana la
Beltraneja e Isabel.

Estos dos sucesos recogidos de la *Crónica* le sirven de base
para su creación literaria, en la que inventa situaciones y personajes que encarnan el nudo dramático, de forma que el conflicto estalla en escena ante los ojos del espectador, que «revive»
los sucesos ocurridos hacía ya tiempo.

Para la creación de *Fuente Ovejuna* Lope utiliza además una
serie de elementos que provienen de la tradición literaria: sen-
tencias y aforismos, libros de pastores, diálogos de amor, in-
fluencias del romancero y la poesía tradicional, etc.

El hecho histórico de Fuente Ovejuna

La versión que da Rades en su *Crónica* casi un siglo después
de ocurridos los sucesos constituye la base fundamental de *Fuente Ovejuna*. Lope pretendía tan sólo escribir una de sus come-

---

[5] Teresa J. Kirschner, *El protagonista colectivo en Fuente Ovejuna*, Salamanca,
Ed. Universidad de Salamanca, 1979 (caps. III, IV, V).

dias, no realizar una obra rigurosamente histórica y, por lo tanto, no se preocupó de ahondar en la realidad de los sucesos acaecidos, no intentó encontrar mayor información sobre los complejos sucesos que subyacían a la revuelta ocurrida en la villa de Fuente Ovejuna.

Esta villa, que dependía de Córdoba, y, por tanto, directamente del rey, fue cedida por Enrique IV a don Pedro Girón, Maestre de la Orden de Calatrava. Éste, que más tarde renunció a su puesto en favor de su hijo Rodrigo, la cedió a la Orden Militar junto con Morón y Bélmez a cambio de otras villas. En 1466 fijó en Fuente Ovejuna su residencia el Comendador Mayor Fernán Gómez de Guzmán. Tras la muerte de Enrique IV, la ciudad de Córdoba consiguió en 1475 que los Reyes Católicos le devolvieran la villa, y se entabló un forcejeo por su posesión entre la Orden Militar y la ciudad de Córdoba. Al poco tiempo, el 23 de abril de 1476, quizá instigada por los cordobeses, Fuente Ovejuna se levantó contra el Comendador causando su muerte. Después de una investigación sobre el hecho y de un largo pleito, la villa pasó a pertenecer a la Orden hasta que en 1513 la cedió a Córdoba a cambio de una indemnización económica.[4]

Por lo tanto, el levantamiento de la villa de Fuente Ovejuna y asimismo la toma de Ciudad Real por el Maestre de Calatrava, partidario de Juana la Beltraneja, y contrario a los Reyes Católicos, habría que encuadrarlos históricamente dentro de la complicada política del siglo XV, de las continuas guerras entre los nobles, del poder enorme que habían alcanzado las Órdenes Militares y del intento de conseguir una situación menos caótica mediante el establecimiento de una monarquía fuerte y centralizadora que dominase a la nobleza levantisca y el poder de las Órdenes Militares. La guerra civil que tiene lugar a la muerte de Enrique IV por la sucesión en el trono entre su hija Juana la Beltraneja —apodada así por los que consideraban que era hija de la Reina y de un noble— e Isabel, hermana de Enrique

[4] Rafael Ramírez de Arellano, «Rebelión de Fuente Obejuna contra el Comendador mayor de Calatrava, Fernán Gómez de Guzmán (1476)», *Boletín de la Real Academia de la Historia*, XXXIX, 1901, pp. 446-512.

IV, termina con el triunfo de ésta, y el reinado de los Reyes Católicos supondrá el paso del viejo orden de la monarquía feudal y de vasallaje a la nueva monarquía en la que el rey posee el poder central y dominante. Este proceso histórico aparecerá claramente reflejado en la comedia de *Fuente Ovejuna.*

Género al que pertenece la obra

Fuente Ovejuna es un ejemplo claro de la mezcla de los géneros clásicos en la comedia española. La índole de los sucesos representados orienta esta obra dramática hacia la tragedia, y así lo es con respecto a la muerte del Comendador. Pero la fórmula de la comedia (o sea, obra con un final feliz) acaba por imponerse con el casamiento de los enamorados y el perdón real. Por lo tanto, la obra es una tragicomedia aunque realmente Lope no llegó a denominarla así, sino que prefirió el término de comedia, muy usual en la época y que englobaba a obras de muy diferente talante.

En los cuadros en que se establece una clasificación de las numerosas obras dramáticas de Lope, *Fuente Ovejuna* se sitúa dentro de las comedias «históricas»; esto hay que entenderlo de una manera condicionada, pues gran parte de los sucesos de la obra son inventados para lograr la estructura propia de la comedia española.

Fecha de composición y publicación de la comedia

No sabemos exactamente cuándo Lope compuso *Fuente Ovejuna;* Morley y Bruerton, tras un minucioso estudio de la métrica de toda la obra del dramaturgo, opinan que debió redactarse entre 1612 y 1614. [5] La comedia se publicó por vez primera en la *Dozena Parte* de las comedias de Lope de Vega Carpio, de

---

[5] *Ob. cit.,* pp. 330-331.

la que existen dos series de impresiones, una con el escudo de los Cárdenas y otra con el emblema del Sagitario; y aun hay ejemplares de la primera que presentan levísimas variaciones. Una vez que las comedias eran representadas, Lope conservaba una copia de los pliegos que la contenían y los agrupaba en *Partes* o libros que contenían varias de ellas. No parece que en su época fuera una de las obras más apreciadas de Lope, sino una más entre las muchas que hubo de escribir por razón de su «oficio»; transcurriría largo tiempo antes de cobrar la fama que actualmente posee.

III. *Fortuna literaria de* Fuente Ovejuna

El mismo suceso de Fuente Ovejuna fue motivo de otra comedia posterior, escrita por el sevillano Cristóbal de Monroy y Silva (1612-1649), que también se valió de la *Crónica* de Rades; en este caso se trata de una versión barroquizada del mismo argumento, mucho más compleja en la trama y en la presentación escénica, pero de menor valor dramático.

La obra de Lope permaneció dormida en las ediciones de 1619 hasta que la erudición inmediatamente posterior al Romanticismo la descubrió en Europa: se tradujo al francés en 1822, al alemán en 1845 y se estrenó en Moscú con gran éxito en 1876. En España reaparece en 1857 en el tomo XLI de la «Biblioteca de Autores Españoles», y, gracias al entusiasmo que muestra por ella Menéndez Pelayo, la noticia y fama de la obra crecen.

En el siglo XX la obra tiene aún mayor fortuna, tanto en las ediciones que se publican de ella como en las numerosas representaciones que se realizan. Lope con esta obra aparece como el escritor que descubre al pueblo como personaje colectivo que actúa en escena de una manera conjunta. La obra se interpreta como el levantamiento del pueblo en su rebeldía contra el tirano, de cualquier condición que éste sea, en defensa de la libertad como principio político general. Para esto, si es necesario, se recorta o se retoca el texto de Lope para convertir la obra en drama social, suprimiéndose incluso la parte final de la intervención de los Reyes Católicos.

La cuestión de la licitud artística de las adaptaciones se plantea de manera aguda en el caso de *Fuente Ovejuna*. Se trata de dos criterios diferentes, posibles para la representación actual de una obra del pasado: uno de ellos, que es el que ha guiado esta edición, trata de ofrecer el mejor texto posible según la documentación literaria conservada y las notas y orientaciones tratan de informar al lector de la obra en su circunstancia, como tal comedia española de Lope, representada en su época. El otro criterio es una libre interpretación de la misma, en la que se traslada el texto antiguo a la circunstancia de nuestro tiempo y se acomoda a lo que el director de la obra pretende que los espectadores perciban en ella. La peculiar condición del argumento de *Fuente Ovejuna* ha permitido que esta obra sea interpretada de muy diferentes formas y en muchos países y que haya obtenido una gran difusión en el siglo XX. Hoy es una de las más conocidas de Lope en el mundo: hay traducciones de la misma al francés (6 versiones), inglés (6), ruso (6), alemán (2), italiano (3) y una al yugoeslavo, checo, polaco, hebreo, ucraniano, yokuto, árabe, portugués y moldavo.

La comedia ha sido minuciosamente estudiada por la erudición y la crítica en nuestro siglo, y en la bibliografía de nuestra edición se ofrece sólo una reducida lista de obras que tratan de ella.

Bibliografía

Aubrun, Charles V.: *La comedia española (1600-1680)*, Madrid, Taurus, 1968. Estudio sobre el teatro español en la forma de «comedia española» a la que pertenece *Fuente Ovejuna*.

Castro, Américo y Rennert, Hugo A.: *Vida de Lope de Vega (1562-1635)*, Salamanca, Anaya, 1969. Biografía de Lope de Vega; a través de los índices se pueden consultar los datos sobre las obras pastoriles de Lope.

García Aguilera, Raúl y Hernández Ossorno, Mariano: *Revuelta y litigios de los villanos de la encomienda de Fuenteobejuna, (1476)*, Madrid, Editora Nacional, 1975. Estudio documental sobre la revuelta de Fuente Ovejuna; complementa el artículo de Rafael Ramírez de Arellano, «Rebelión de Fuente Obejuna...»,-*Boletín de la Real Academia de la Historia*, XXXIX, 1901, pp. 446-512.

Gómez Moriana, A.: *Derecho de resistencia y tiranicidio. Estudio de una temática en las «Comedias» de Lope de Vega*, Santiago de Compostela, Porto y Cía., 1968. Estudio sobre aspectos del Derecho respecto del tiranicidio y su referencia a *Fuente Ovejuna*.

Kirschner, Teresa J.: *El protagonista colectivo en Fuente Ovejuna*, Salamanca, Universidad, 1979. Estudio sobre esta materia; este libro recoge la bibliografía más extensa sobre la obra.

López Estrada, Francisco: *«Fuente Ovejuna» en el teatro de Lope y de Monroy (Consideración crítica de ambas obras)*. Discurso de apertura del curso académico 1965-1966 en la Universidad de Sevilla, Sevilla, 1965. Estudio sobre las dos obras de Lope y de Monroy, completado por los artículos: «Los villanos filósofos y políticos. (La configuración de *Fuente Ovejuna* a través de los nombres y "apellidos")», *Cuadernos Hispanoamericanos*, 238-240 (1969), pp. 518-542, y «La canción

"Al val de Fuente Ovejuna" de la comedia *Fuenteovejuna»*, en *Homenaje a W. L. Fichter*, Madrid, Castalia, 1971, pp. 453-468.

Marín, Diego: *La intriga secundaria en el teatro de Lope de Vega*, Toronto y México, 1958. Para el estudio de la intriga secundaria de Ciudad Real.

Menéndez Pelayo, Marcelino: estudio preliminar de la edición de esta obra en *Obras de Lope de Vega*, publicadas por la Real Academia Española, X, «Crónicas y leyendas dramáticas de España», Madrid, 1899, pp. CLIX-CLXVII. También publicado en *Estudios sobre el teatro de Lope de Vega, Obras completas*, V, Santander, Aldus, 1949, pp. 171-182. El estudio más importante para iniciar el conocimiento moderno de la obra.

Rozas, Juan Manuel: *Significado y doctrina del «Arte Nuevo» de Lope de Vega*, Madrid, SGEL, 1976. Para el conocimiento de la teoría poética de Lope.

Salomon, Noël: *Recherches sur le thème paysan dans la «comedia» au temps de Lope de Vega*, Bordeaux, Université, 1965. Es el estudio más completo sobre el hombre de campo en el teatro de Lope de Vega, y se ocupa extensamente de *Fuente Ovejuna;* acaba de aparecer en español con el título de *Lo villano en el teatro del Siglo de Oro*, Madrid, Castalia, 1985.

Torres Suárez, Cristina: «Don Rodrigo Téllez Girón, Maestre de Calatrava», en *Miscelánea Medieval Murciana*, Murcia, Universidad, 1977, pp. 43-71. Reúne las noticias históricas sobre el Maestre, uno de los personajes de la comedia.

Retrato de Lope de Vega incluido en *Poema de san Isidro*
(Madrid, Pedro Madrigal, 1603).

EMBLEMA. 97

grāde es la cōfusiō de vn juez christiano,
quādo en vn caso atroz, fuēte ouejuna
Con atreuida, y vengatiua mano,
Sin Dios, sin Rey, sin ley, toda se auna
de hecho, avn hecho barbaro inhumano,
Sin que se halle claridad ninguna,
Qual sea el culpado, qual el inocente,
En la comunidad de tanta gente.

Q q   Es

Arriba: Uno de los *Emblemas morales* (1610) de Sebastián de Covarrubias,
que pudo servir de inspiración a Lope para *Fuente Ovejuna*.

Página siguiente (derecha):
Casa museo de Lope en Madrid y firma autógrafa del escritor.

Representaciones modernas de *Fuente Ovejuna*.

Arriba: en el Teatro Real de Madrid (2011), versión como ballet hecha por Antonio Gades, en 1994.

Página anterior (izquierda):
montaje de la Compañía Nacional de Teatro Clásico (1993),
dirigido por Adolfo Marsillach.
El texto fue adaptado por Carlos Bousoño.

Plaza de Fuente Ovejuna, en la provincia de Córdoba.

Nota previa

La edición que se eligió como base de la que aquí publicamos se corresponde en cuanto al texto con la siguiente: Lope de Vega y Cristóbal de Monroy, *Fuente Ovejuna*, versión, introducción y notas de Francisco López Estrada, Madrid, Clásicos Castalia, 1979, 3.ª ed., que ha sido nuevamente revisada para que se acomode al propósito de esta colección. El texto aparece modernizado en cuanto a la grafía. Siempre que ha sido necesario, se han cambiado las consonantes que en el texto antiguo eran diferentes de las actuales; se han conservado las vocales y la reducción de los grupos cultos de consonantes interiores según el texto antiguo, sobre todo cuando esta grafía sirve para señalar la condición rústica de los personajes. Si se hizo algún cambio en el curso del texto, se justifica en las notas y figuran [...] los trozos (sílabas o palabras) que añadimos o algunos levísimos retoques. Se ha añadido la partición en escenas numeradas para el mejor uso del texto en los comentarios y se han completado la lista inicial de los personajes y las acotaciones para una mejor guía del lector en cuanto al movimiento escénico. La comedia se conserva en un estado aceptable en cuanto el texto (con algunos problemas, como se verá en las notas) y las impresiones de la *Dozena parte* de 1619 presentan pocas variantes, que se encuentran mencionadas en las pp. 29-31 de la mencionada edición de López Estrada que aquí seguimos.

FUENTE OVEJUNA

COMEDIA FAMOSA DE *FUENTE OVEJUNA*

Hablan en ella las personas siguientes:

FERNÁN GÓMEZ [*de Guzmán, Comendador Mayor de la Orden de Calatrava*].

ORTUÑO [*criado de Fernán Gómez*].

FLORES [*criado de Fernán Gómez*].

EL MAESTRE DE CALATRAVA [*Rodrigo Téllez Girón*].

PASCUALA [*labradora*].

LAURENCIA [*labradora*].

MENGO [*labrador*].

BARRILDO [*labrador*].

FRONDOSO [*labrador*].

JUAN ROJO [*labrador, tío de Laurencia*].

ESTEBAN [*padre de Laurencia*] y ALONSO, *Alcaldes.*

REY DON FERNANDO.

REINA DOÑA ISABEL.

DON MANRIQUE.

[*Dos Regidores de Ciudad Real*].

UN REGIDOR [*de Fuente Ovejuna, llamado Cuadrado*].

CIMBRANOS, *soldado.*

JACINTA, *labradora.*

UN MUCHACHO.

Algunos labradores.

UN JUEZ [*pesquisidor*].

La música.

[*Leonelo, licenciado por Salamanca*].

ACTO PRIMERO[1]

~~~~~~

(1) Advertencias preliminares: no se debe olvidar nunca que una obra de teatro es para ser representada, no leída. Por lo tanto debe prestarse una especial atención a los recursos teatrales que se emplean, como, por ejemplo, las acotaciones que aparecen en el texto de la obra, bien éstas sean del autor o de los editores de la misma; la indicación del lugar de acción que el oyente o el lector deduce de las referencias de los personajes en el diálogo; la presentación de los personajes, bien sea de forma directa (el personaje se presenta a sí mismo), de forma indirecta (otro personaje lo presenta); las referencias por medio del diálogo a hechos que no ocurren en la escena, etc.

Puesto que en nuestro caso el conocimiento de la obra se hará por medio de la lectura, para un buen estudio de la obra conviene leerla dos veces: realizar primero una lectura tal como la haría un lector común, con el fin de tener una percepción global de la misma; y después una segunda lectura analítica, más detenida y de la que se irán sacando datos que servirán para luego establecer el estudio. Una sugerencia para la recogida de estos datos es disponer de varias fichas con encabezamientos acerca de los diversos aspectos que se pueden estudiar: Argumento, Temas, Personajes, Estructura, Técnica y Estilo, Mímica, Sentido de la obra, etc., e ir anotando en ellas las referencias (el número de los versos puede ayudar) para manejarlas posteriormente.

[ESCENA I]

[Sala de la casa del Maestre de Calatrava][1]

Salen el Comendador, Flores y Ortuño, criados.

COMENDADOR[2]	¿Sabe el Maestre que estoy en la villa?	
FLORES	Ya lo sabe.	
ORTUÑO	Está, con la edad, más grave.	
COMENDADOR	¿Y sabe también que soy Fernán Gómez de Guzmán?	5
FLORES	Es muchacho,[2] no te asombre.	
COMENDADOR	Cuando[3] no sepa mi nombre, ¿no le sobra el que me dan de Comendador mayor?[4]	
ORTUÑO	No falta quien le aconseje que de ser cortés se aleje.	10
COMENDADOR	Conquistará poco amor.[3]	

---

[1] *Maestre de Calatrava:* don Rodrigo Téllez Girón, el superior de la Orden militar de Calatrava, cuya casa estaba en la villa de Almagro.   [2] *Comendador:* caballero que tenía rentas en encomienda en algunas Órdenes militares; se refiere a don Fernán Gómez de Guzmán.   [3] *Cuando:* aunque.   [4] *Comendador mayor:* dignidad inmediatamente inferior al Maestre, al que aconseja en sus funciones, sobre todo en las militares.

(2) A lo largo de la obra hay numerosas referencias, que convendrá observar, a la poca edad que contaba el Maestre de Calatrava, don Rodrigo Téllez Girón, que fue antepasado del Duque de Osuna, protector de Lope de Vega. A la vista de los acontecimientos que se suceden en la obra, se explicará esta insistencia.

(3) Esta conversación entre el Comendador, Flores y Ortuño es muy interesante. Por una parte es un claro ejemplo del didactismo de la comedia española, pues, por medio de la sentencia de los versos 13 a 16 y de su desarrollo, se pretende enseñar algo; en este caso es la necesidad de la cortesía, de las relaciones armoniosas entre los componentes de la sociedad, en una palabra, la importancia del «amor social».

	Es llave la cortesía	
	para abrir la voluntad;	
	y para la enemistad,	15
	la necia descortesía.	
ORTUÑO	Si supiese un descortés	
	cómo lo aborrecen todos,	
	y querrían de mil modos	
	poner la boca a sus pies,	20
	antes que serlo ninguno,	
	se dejaría morir.	
FLORES	¡Qué cansado es de sufrir!	
	¡Qué áspero y qué importuno!	
	Llaman la descortesía	25
	necedad en los iguales,	
	porque es entre desiguales	
	linaje de tiranía.	
	Aquí no te toca nada:	
	que un muchacho aún no ha llegado	30
	a saber qué es ser amado.	
COMENDADOR	La obligación de la espada	
	que [se] ciñó el mismo día	
	que la Cruz de Calatrava	
	le cubrió el pecho, bastaba	35
	para aprender cortesía.[5]	
FLORES	Si te han puesto mal con él,	
	presto[6] le conocerás.	
ORTUÑO	Vuélvete, si en duda estás.	
COMENDADOR	Quiero ver lo que hay en él.	40

---

[5] Vv. 32-36: sólo por el hecho de ser caballero de la Orden de Calatrava, ya debía ser cortés.   [6] *presto:* pronto.

Por otra parte esta conversación es fundamental para explicar el desarrollo de la obra; obsérvense en especial las palabras del Comendador (vv. 12-16) y compárense con su conducta posterior, y las de Flores (vv. 27 y 28) que introducen por primera vez el término clave «tiranía».

[ESCENA II]

Salen el Maestre de Calatrava y acompañamiento.

MAESTRE.   Perdonad, por vida mía,
                             Fernán Gómez de Guzmán,
                             que agora[7] nueva me dan
                             que en la villa estáis.

COMENDADOR.   Tenía
                             muy justa queja de vos;   45
                             que el amor y la crianza
                             me daban más confianza,
                             por ser, cual somos los dos:
                             vos, Maestre en Calatrava;
                             yo, vuestro Comendador   50
                             y muy vuestro servidor.

MAESTRE   Seguro,[8] Fernando, estaba
                             de vuestra buena venida.
                             Quiero volveros a dar
                             los brazos.

COMENDADOR   Debéisme honrar,   55
                             que he puesto por vos la vida
                             entre diferencias[9] tantas,
                             hasta suplir vuestra edad
                             el Pontífice.[10]

MAESTRE   Es verdad.
                             Y por las señales santas[11]   60
                             que a los dos cruzan el pecho,
                             que os lo pago en estimaros
                             y, como a mi padre, honraros.

---

[7] *agora:* ahora; esta forma es utilizada a lo largo de toda la comedia.   [8] *Seguro:* descuidado, ajeno, ignorante.   [9] *diferencias:* banderías, partidos.   [10] Véase nota 12.   [11] *señales santas:* los miembros de la Orden llevaban bordada o cosida en sus vestidos la cruz de Calatrava, que era roja.

COMENDADOR   De vos estoy satisfecho.
MAESTRE   ¿Qué hay de guerra por allá?   65
COMENDADOR   Estad atento, y sabréis
                          la obligación que tenéis.
MAESTRE   Decid, que ya lo estoy, ya.
COMENDADOR[(4)]   Gran Maestre, don Rodrigo
                          Téllez Girón, que a tan alto   70
                          lugar os trajo el valor
                          de aquel vuestro padre claro,[12]
                          que, de ocho años, en vos
                          renunció su Maestrazgo,
                          que después por más seguro   75
                          juraron y confirmaron
                          Reyes y Comendadores,
                          dando el Pontífice santo
                          Pío segundo sus bulas,
                          y después las suyas Paulo,[13]   80
                          para que don Juan Pacheco,[14]
                          gran Maestre de Santiago,
                          fuese vuestro coadjutor;[15]
                          ya que es muerto, y que os han dado
                          el gobierno sólo a vos,   85
                          aunque de tan pocos años,
                          advertid que es honra vuestra
                          seguir en aqueste[16] caso
                          la parte de vuestros deudos;[17]
                          porque muerto Enrique cuarto,[18]   90

---

[12] Su padre fue don Pedro Girón, Gran Maestre de Calatrava, que renunció cuando don Rodrigo tenía ocho años y consiguió que Pío II le diese a éste el Maestrazgo en encomienda. [13] *Paulo:* Pablo II. [14] *don Juan Pacheco:* Marqués de Villena, hermano de don Pedro Girón. [15] *coadjutor:* persona que ayudaba a otra en el desempeño de su cargo. [16] *aqueste:* este, del que se está hablando. [17] *deudos:* parientes. [18] Al morir Enrique IV, unos nobles apoyaron a su hermana Isabel, casada con Fernando de Aragón y otros a su hija Juana, casada con Alfonso V, rey de Portugal.

(4) Obsérvese cómo introduce Lope por medio del diálogo elementos históricos, tomados de las Crónicas, en su obra.

quieren que al rey don Alonso
de Portugal, que ha heredado,
por su mujer, a Castilla,
obedezcan sus vasallos;
que aunque pretende lo mismo   95
por Isabel, don Fernando,
gran Príncipe de Aragón,
no con derecho tan claro
a vuestros deudos; que, en fin,
no presumen que hay engaño   100
en la sucesión de Juana,[19]
a quien vuestro primo hermano[20]
tiene agora en su poder.
Y así, vengo a aconsejaros
que juntéis los caballeros[21]   105
de Calatrava en Almagro,
y a Ciudad Real[22] toméis,
que divide como paso
a Andalucía y Castilla,
para mirarlos a entrambos.[23]   110
Poca gente es menester,
porque tiene por soldados
solamente sus vecinos
y algunos pocos hidalgos,
que defienden a Isabel   115
y llaman rey a Fernando.
Será bien que deis asombro,
Rodrigo, aunque niño, a cuantos
dicen que es grande esa Cruz
para vuestros hombros flacos.   120

---

[19] Según algunos, Juana no era la hija de Enrique IV, sino de don Beltrán de la Cueva; de ahí el apodo de Juana la Beltraneja con que era conocida. [20] Don Diego López Pacheco, Marqués de Villena. [21] *juntéis los caballeros:* objeto directo de persona sin preposición *a,* frecuente en los Siglos de Oro y a lo largo de toda la comedia. [22] Ciudad Real había sido siempre foco de conflicto entre la Orden de Calatrava y los Reyes. En ese momento era leal a Isabel y Fernando. [23] *entrambos:* ambos en masculino, pues se sobreentiende reinos.

Mirad los Condes de Urueña,[24]
de quien venís, que mostrando
os están desde la fama
los laureles que ganaron;
los Marqueses de Villena,[25]   125
y otros capitanes, tantos,
que las alas de la fama
apenas pueden llevarlos.
Sacad esa blanca espada;
que habéis de hacer, peleando,   130
tan roja como la Cruz;
porque no podré llamaros
Maestre de la Cruz roja
que tenéis al pecho, en tanto
que tenéis blanca la espada;   135
que una al pecho y otra al lado,
entrambas han de ser rojas;
y vos, Girón soberano,
capa[26] del templo inmortal
de vuestros claros pasados.   140

MAESTRE   Fernán Gómez, estad cierto
que en esta parcialidad,[27]
porque veo que es verdad,
con mis deudos me concierto.

Y si importa,[28] como paso,[29]   145
a Ciudad Real mi intento,
veréis que, como violento
rayo, sus muros abraso.

No porque es muerto mi tío,
piensen de mis pocos años   150

---

[24] Don Alonso Téllez Girón. [25] Don Diego Pacheco. [26] *Girón... capa:* juego de palabras entre el apellido Girón, y *girón* 'trozo suelto y desgarrado de un tejido', que será *capa* 'pieza entera, vestido que cubre y resguarda'. [27] *parcialidad:* unión de quienes forman un grupo aparte para algún fin, bando. [28] *si importa... a Ciudad Real mi intento:* si mi intento se lleva a Ciudad Real. [29] *paso:* pienso.

los propios y los extraños
que murió con él mi brío.

   Sacaré la blanca espada,
para que quede su luz
de la color de la Cruz,   155
de roja sangre bañada.

   Vos, ¿adónde residís?
¿Tenéis algunos soldados?

COMENDADOR   Pocos, pero mis criados;
que si de ellos os servís,   160
   pelearán como leones.

Ya veis que en Fuente Ovejuna
hay gente humilde y alguna,[30]
no enseñada en escuadrones,
sino en campos y labranzas. (5)   165

MAESTRE   ¿Allí residís?

COMENDADOR   Allí
de mi Encomienda[31] escogí
casa entre aquestas mudanzas.[32]

[MAESTRE]   Vuestra gente se registre.[33]

[COMENDÁDOR]   Que no quedará vasallo.   170

MAESTRE   Hoy me veréis a caballo,
poner la lanza en el ristre.[34]

---

[30] *alguna:* con el sentido de 'escasa', pues se trata de una villa.   [31] *Encomien-da:* dignidad dotada de renta; se toma también por el lugar, territorio y rentas de la misma.   [32] *aquestas mudanzas:* estos tiempos de cambios, refiriéndose a la re-vuelta situación política.   [33] *se registre:* se anote en un registro (para saber con cuántos se cuenta).   [34] *ristre:* soporte remachado, a la derecha del peto de la ar-madura, donde se apoya la lanza.

(5) Aparece la primera caracterización de las gentes de Fuente Oveju-na como gente campesina y de paz.

[ESCENA III]

[Plaza de Fuente Ovejuna]

Vanse, y salen Pascuala y Laurencia.[6]

LAURENCIA	¡Mas que[35] nunca acá volviera!	
PASCUALA	Pues, ¡a la he!,[36] que pensé	
	que cuando te lo conté,	175
	más pesadumbre te diera.	
LAURENCIA	¡Plega al cielo[37] que jamás	
	le vea en Fuente Ovejuna!	
PASCUALA	Yo, Laurencia, he visto alguna	
	tan brava,[38] y pienso que más;	180
	y tenía el corazón	
	brando[39] como una manteca.	

---

[35] *Mas que:* ¡ojalá que...! [36] *¡a la he!:* a la fe, exclamación. La aspiración de la «f» es un arcaísmo propio de la lengua pastoril del teatro. [37] *Plega al cielo:* plazca al cielo, quiera el cielo. [38] *tan brava:* se sobreentiende: como tú. [39] *brando:* blando. La alternancia l/r es otra de las características del sayagués, lengua rústica.

(6) Obsérvese cómo aparecen estos personajes con un diálogo «in medias res», o sea, que desconocemos en principio de qué están hablando. Este es un recurso muy utilizado para avivar el interés del espectador, que ha de prestar mayor atención, y se utiliza con frecuencia a lo largo de la obra, como podrá advertirse. Conviene, asimismo, prestar atención a la adecuación entre lenguaje y personaje, que Lope defiende en su *Arte Nuevo de hacer comedias*. Estos dos personajes que aparecen, Pascuala y Laurencia, están definidos en la relación que encabeza la obra como labradoras y, por lo tanto, utilizarán rasgos del sayagués, lengua convencional creada por los dramaturgos que, mediante el uso de una serie de recursos (que se irán señalando en nota), intenta reproducir el habla campesina, aunque el sayagués no corresponde, por supuesto, al habla real de los campesinos del momento. Váyase observando esta misma adecuación a medida que aparezcan nuevos personajes.

LAURENCIA	Pues ¿hay encina tan seca
	como esta mi condición?
PASCUALA	¡Anda ya! Que nadie diga: 185
	de esta agua no beberé. [40]
LAURENCIA	¡Voto al sol [41] que lo diré,
	aunque el mundo me desdiga!
	¿A qué efeto [42] fuera bueno
	querer a Fernando [43] yo? 190
	¿Casárame con él?
PASCUALA	No.
LAURENCIA	Luego la infamia condeno. (7)
	¡Cuántas mozas en la villa,
	del Comendador fiadas, [44]
	andan ya descalabradas! 195
PASCUALA	Tendré yo por maravilla
	que te escapes de su mano.
LAURENCIA	Pues en vano es lo que ves,
	porque ha que me sigue [45] un mes,
	y todo, Pascual[a], en vano. 200
	Aquel Flores, su alcahuete,
	y Ortuño, aquel socarrón
	me mostraron un jubón, [46]
	una sarta [47] y un copete. [48]
	Dijéronme tantas cosas 205
	de Fernando, su señor

---

[40] Refrán. [41] *Voto al sol:* juramento propio de villanos, como en acto II, nota 87. [42] *efeto:* efecto, reducción del grupo consonántico, usual en la época. [43] *Fernando:* el Comendador Fernán Gómez de Guzmán, noble; sus relaciones con Laurencia, villana, sólo podrían ser extramatrimoniales, deshonrosas. [44] *fiadas:* confiadas en que no las ha de engañar. [45] *ha que me sigue:* construcción con *haber* impersonal propia de los Siglos de Oro, indica una acción que comenzó en el pasado y continúa en el presente. [46] *jubón:* vestido justo y ceñido que se pone sobre la camisa y se ata a las calzas. [47] *sarta:* collar o gargantilla. [48] *copete:* adorno para la cabeza.

(7) Nótese cómo de forma indirecta, a través del diálogo de Pascuala y Laurencia, vamos conociendo algunas características más del Comendador y sus hombres.

	que me pusieron temor;	
	mas no serán poderosas	
	para contrastar[49] mi pecho.	
PASCUALA	¿Dónde te hablaron?	
LAURENCIA	Allá	210

en el arroyo, y habrá[50]
seis días.

PASCUALA   Y yo sospecho
que te han de engañar, Laurencia.

LAURENCIA   ¿A mí?

PASCUALA   Que no, sino al cura.[51]

LAURENCIA   Soy, aunque polla,[52] muy dura   215
yo para su reverencia.

Pardiez,[53] más precio[54] poner,
Pascuala, de madrugada,
un pedazo de lunada[55]
al huego[56] para comer,   220
con tanto zalacatón[57]
de una rosca que yo amaso,
y hurtar a mi madre un vaso
del pegado canjilón;[58]

y más precio al mediodía   225
ver la vaca entre las coles,
haciendo mil caracoles
con espumosa armonía;

y concertar, si el camino
me ha llegado a causar pena,   230
casar una berenjena
con otro tanto tocino;

y después un pasatarde,[59]
mientras la cena se aliña,

---

[49] *contrastar:* combatir.   [50] *habrá:* hará.   [51] *Que no, sino al cura:* fórmula coloquial; tiene el sentido de: ¿A quién va a ser, si no es a ti?   [52] *polla:* muchacha joven.   [53] *pardiez:* por Dios, juramento eufemístico.   [54] *precio:* estimo.   [55] *lunada:* pernil del tocino.   [56] *huego:* fuego, aspiración de la *f;* véase nota 36.   [57] *zalacatón:* pedazo de pan.   [58] *canjilón:* especie de cántaro.   [59] *pasatarde:* merienda.

de una cuerda de mi viña,[60]   235
que Dios de pedrisco guarde;
y cenar un salpicón[61]
con su aceite y su pimienta,
y irme a la cama contenta,
y al «inducas tentación»[62]   240
rezalle[63] mis devociones;
que cuantas raposerías,[64]
con su amor y sus porfías,[65]
tienen estos bellacones,[66]
porque todo su cuidado,[67]   245
después de darnos disgusto,
es anochecer con gusto
y amanecer con enfado.[(8)]

PASCUALA   Tienes, Laurencia, razón;
que, en dejando[68] de querer,   250
más ingratos suelen ser
que al villano el gorrión.

---

[60] *una cuerda de mi viña:* racimo de uvas que se colgaba de una cuerda en el techo para conservarlo.   [61] *salpicón:* fiambre de carne picada.   [62] *«inducas tentación»:* sustituto rústico del nombre de Dios, tomado de las palabras «et ne nos inducas in tentationem» del Padre Nuestro.   [63] *rezalle:* rezarle, asimilación de la -*r* del infinitivo ante el pronombre de tercera persona, usual.   [64] *raposerías:* astucias.   [65] *porfías:* insistencias.   [66] *bellacones:* aumentativo de *bellaco.*   [67] *cuidado:* pensamiento.   [68] *en dejando:* construcción frecuente en los Siglos de Oro; en la actualidad se considera vulgarismo.

(8) El parlamento de Laurencia (217-248) está constituido sobre el tópico «Prefiero la abundancia de la vida del campo al mal amor del señor». Obsérvese la cuidada construcción del mismo: basada en la comparación: «Más precio... que...», desarrolla la descripción ordenada de un día cualquiera en el campo: la madrugada (vv. 218-224), el mediodía (vv. 225-232), la tarde (vv. 233-236), la noche (vv. 237-241), deleitándose en pormenorizar los alimentos y enlazando los elementos por medio del polisíndeton de y. La segunda parte, introducida por *que,* mucho más breve, desarrolla el segundo elemento del tópico, invirtiendo el tiempo: anochecer (247), amanecer (248).

En el invierno, que el frío
tiene los campos helados,
decienden[69] de los tejados,   255
diciéndole «tío, tío»,
    hasta llegar a comer
las migajas de la mesa,
mas luego que el frío cesa,
y el campo ven florecer,   260
    no bajan diciendo «tío»,
del beneficio olvidados,
mas saltando en los tejados
dice: «judío, judío».[70]

    Pues tales los hombres son: 265
cuando nos han menester,[71]
somos su vida, su ser,
su alma, su corazón;
    pero pasadas las ascuas,[72]
las tías somos judías,   270
y en vez de llamarnos tías,
anda el nombre de las Pascuas.[73] [9]

LAURENCIA   ¡No fiarse de ninguno![10]
PASCUALA   Lo mismo digo, Laurencia.

---

[69] *decienden:* descienden, simplificación del grupo consonántico, véase nota 42.   [70] *judío:* es uno de los insultos más graves de la época. Los campesinos, sobre todo, se preciaban de ser cristianos viejos.   [71] *nos han menester:* nos necesitan.   [72] *ascuas:* los ardores del amor. Responde al tópico amor = fuego.   [73] [*decir*] *el nombre de las Pascuas:* insultar.

(9) Obsérvese asimismo la construcción de este parlamento basado en la comparación gorrión = hombre, que también participa del carácter didáctico anteriormente señalado (véase 3).

(10) Nótese cómo Pascuala y Laurencia han pasado de hablar de un hombre en concreto (el Comendador) a los hombres en general. Conviene tener presente la actitud de Laurencia para observar su posterior evolución.

[ESCENA IV]

Salen Mengo y Barrildo y Frondoso. [11]

FRONDOSO	En aquesta diferencia[74]	275
	andas, Barrildo, importuno.[75]	
BARRILDO	A lo menos aquí está	
	quien nos dirá lo más cierto.	
MENGO	Pues hagamos un concierto[76]	
	antes que lleguéis allá;	280
	y es, que si juzgan por mí,	
	me dé cada cual la prenda,	
	precio de aquesta contienda.	
BARRILDO	Desde aquí digo que sí.	
	Mas si pierdes, ¿qué darás?	285
MENGO	Daré mi rabel de boj,[77]	
	que vale más que una troj,[78]	
	porque yo le estimo en más.	
BARRILDO	Soy contento.	
FRONDOSO	Pues lleguemos.	
	Dios os guarde, hermosas damas.[79]	290
LAURENCIA	¿Damas, Frondoso, nos llamas?	
FRONDOSO	Andar al uso[80] queremos:[12]	

---

[74] *aquesta diferencia:* esta discusión. [75] *importuno:* errado. [76] *hagamos un concierto:* pongámonos de acuerdo. [77] *rabel de boj:* instrumento musical parecido al laúd, de tres cuerdas que se tocan con arco. El *boj* es un arbusto de madera muy dura. [78] *troj:* granero. [79] El saludo cortesano resulta inadecuado dirigido a unas labradoras. [80] *Andar el uso:* seguir la moda.

(11) Nueva aparición de personajes con un diálogo «in medias res».

(12) Frondoso desarrolla (vv. 292-316) el tópico existente desde la Edad Media de la inversión de valores morales y físicos que se da en el lenguaje de la corte. En su caso se trata del cambio de lo negativo por algo más positivo. Laurencia, más adelante (vv. 328-347), lo expone en sentido contrario, la inversión de lo positivo en negativo. En ambos casos se pone de relieve la falsedad del lenguaje cortesano, del hombre de la ciudad frente al del campo.

al bachiller, licenciado;
al ciego, tuerto; al bisojo, [81]
bizco; resentido, [82] al cojo,   295
y buen hombre, al descuidado.

　　Al ignorante, sesudo;
al mal galán, soldadesca; [83]
a la boca grande, fresca,
y al ojo pequeño, agudo.   300

　　Al pleitista, [84] diligente;
al gracioso, entremetido; [85]
al hablador, entendido,
y al insufrible, valiente.

　　Al cobarde, para poco; [86]   305
al atrevido, bizarro; [87]
compañero, al que es un jarro, [88]
y desenfadado, al loco.

　　Gravedad, al descontento;
a la calva, autoridad;   310
donaire, [89] a la necedad,
y al pie grande, buen cimiento.

　　Al buboso, [90] resfriado;
comedido, al arrogante;
al ingenioso, constante;   315
al corcovado, [91] cargado.

　　Esto llamaros imito,
damas, [92] sin pasar de aquí;
porque fuera hablar así
proceder en infinito.   320

---

[81] *bisojo:* el que tuerce los ojos. [82] *resentido:* el que se resiente de un mal pasajero. [83] *soldadesca:* acción propia de soldado. [84] *pleitista:* buscapleitos, pendenciero. [85] *entremetido:* bullicioso, entrometido. [86] *para poco:* se sobreentiende [hombre que sirve] para poco. [87] *bizarro:* valiente. [88] *es un jarro:* es un necio. [89] *donaire:* gracia, salero. [90] *buboso:* que tiene bubas, el mal francés, enfermedad venérea. [91] *corcovado:* jorobado. [92] *Esto llamaros imito, / damas:* por analogía con esta forma de expresarse, invirtiendo los valores, Frondoso las trata de damas, aunque sean villanas.

LAURENCIA	Allá en la ciudad, Frondoso,
	llámase por cortesía
	de esa suerte; y a fe mía,
	que hay otro más riguroso
	y peor vocabulario 325
	en las lenguas descorteses.
FRONDOSO	Querría que lo dijeses.
LAURENCIA	Es todo a esotro[93] contrario:
	al hombre grave, enfadoso;
	venturoso, al descompuesto; 330
	melancólico, al compuesto,[94]
	y al que reprehende, odioso.
	Importuno, al que aconseja;
	al liberal, moscatel;[95]
	al justiciero, cruel, 335
	y al que es piadoso, madeja.[96]
	Al que es constante, villano;[97]
	al que es cortés, lisonjero;
	hipócrita, al limosnero,
	y pretendiente, al cristiano.[98] 340
	Al justo mérito, dicha;
	a la verdad, imprudencia;
	cobardía, a la paciencia,
	y culpa, a lo que es desdicha.
	Necia, a la mujer honesta; 345
	mal hecha, a la hermosa y casta,
	y a la honrada... Pero basta,
	que esto basta por respuesta.
MENGO	Digo que eres el dimuño.[99]
BARRILDO	¡Soncas,[100] que lo dice mal! 350

---

[93] *esotro:* contracción de *eso* y *otro*, usual en los Siglos de Oro.   [94] *compuesto:* mesurado, bien dispuesto; *descompuesto*, el que se presenta en forma contraria.   [95] *moscatel:* dadivoso en exceso.   [96] *madeja:* flojo, sin fuerzas.   [97] *villano:* por la vida ordenada que llevan los villanos, sobre todo campesinos.   [98] *y pretendiente, al cristiano:* del que cumple sus deberes como cristiano piensan que persigue algún beneficio material.   [99] *dimuño:* demonio, forma rústica usada frecuentemente en el teatro pastoril.   [100] *Soncas:* a fe, en verdad, exclamación rústica.

MENGO	Apostaré que la sal
	la echó el cura con el puño. [101]
LAURENCIA	¿Qué contienda os ha traído,
	si no es que mal lo entendí?
FRONDOSO	Oye, por tu vida.
LAURENCIA	Di. 355
FRONDOSO	Préstame, Laurencia, oído.
LAURENCIA	¿Cómo prestado? Y aun dado. [102]
	Desde agora os doy el mío.
FRONDOSO	En tu discreción confío.
LAURENCIA	¿Qué es lo que habéis apostado? 360
FRONDOSO	Yo y Barrildo contra Mengo.
LAURENCIA	¿Qué dice Mengo? [(13)]

---

[101] Se refiere a la ceremonia del bautizo.   [102] Juego de palabras basado en la expresión *prestar oído* = 'atender', que Laurencia interpreta en sentido literal, como dos palabras plenas de significado.

(13) A partir de este momento se entabla una discusión acerca del amor, característica de la literatura pastoril cuyo convencionalismo permite que personajes rústicos expresen distintas teorías filosóficas acerca de la naturaleza del amor. Este convencionalismo se percibe claramente cuando Mengo afirma no saber filosofar ni leer (vv. 371-372) y a continuación desarrolla su teoría del amor sobre bases aristotélicas (la eterna discordia de los elementos, vv. 374-375) y de acuerdo con la teoría de los humores o temperamentos, que divide a los humanos en coléricos, melancólicos, flemáticos y sanguíneos (vv. 375-378).

Barrildo, a su vez (vv. 379-382), se apoya en la armonía pitagórica, fruto del amor que provoca el funcionamiento armonioso de las leyes de la naturaleza o concierto (v. 382).

Mengo, a continuación (vv. 383-399), defiende la existencia del amor natural, que es el que mantiene el orden de las cosas y, de acuerdo con su *humor*, mantiene a las personas en su estado. Es un amor egoísta y material.

Laurencia introduce en la discusión (vv. 409-410, v. 413) la concepción platónica, amor como deseo de la belleza y virtud de lo amado (conviene tomar nota para observar si Laurencia actúa posteriormente de acuerdo con esta teoría). Barrildo también se refiere al amor espiritual platónico (vv. 421-426).

BARRILDO	Una cosa
	que, siendo cierta y forzosa,
	la niega.
MENGO	A negarla vengo,
	porque yo sé que es verdad. 365
LAURENCIA	¿Qué dice?
BARRILDO	Que no hay amor.
LAURENCIA	Generalmente es rigor.[103]
BARRILDO	Es rigor y es necedad.
	Sin amor, no se pudiera
	ni aun el mundo conservar. 370
MENGO	Yo no sé filosofar;
	leer, ¡ojalá supiera!
	Pero si los elementos
	en discordia eterna viven,
	y de los mismos reciben 375
	nuestros cuerpos alimentos...
	cólera y melancolía,
	flema y sangre, claro está.
BARRILDO	El mundo de acá y de allá,
	Mengo, todo es armonía. 380
	Armonía es puro amor,
	porque el amor es concierto.
MENGO	Del natural,[104] os advierto
	que yo no niego el valor.
	Amor hay, y el que entre sí 385
	gobierna todas las cosas,
	correspondencias forzosas
	de cuanto se mira aquí;
	y yo jamás he negado
	que cada cual tiene amor 390
	correspondiente a su humor[105]
	que le conserva en su estado.

---

[103] *Generalmente es rigor:* mantener en términos generales (que el amor no existe) es una exageración. [104] *Del natural:* del amor natural. [105] *humor:* temperamento o disposición de ánimo que corresponde a la condición natural de la persona.

Mi mano al golpe que viene
mi cara defenderá;
mi pie, huyendo, estorbará   395
el daño que el cuerpo tiene.
    Cerraránse mis pestañas
si al ojo le viene mal,
porque es amor natural.

PASCUALA   Pues ¿de qué nos desengañas?   400
MENGO   De que nadie tiene amor
más que a su misma persona.

PASCUALA   Tú mientes, Mengo, y perdona;
porque ¿es materia[106] el rigor[107]
con que un hombre a una mujer   405
o un animal quiere y ama
su semejante?

MENGO   Eso llama
amor propio, y no querer.
    ¿Qué es amor?

LAURENCIA   Es un deseo
de hermosura.

MENGO   Esa hermosura   410
¿por qué el amor la procura?

LAURENCIA   Para gozarla.

MENGO   Eso creo.
Pues ese gusto que intenta,
¿no es para él mismo?

LAURENCIA   Es así.

MENGO   Luego, ¿por quererse a sí   415
busca el bien que le contenta?

LAURENCIA   Es verdad.

MENGO   Pues de ese modo
no hay amor, sino el que digo,
que por mi gusto le sigo,
y quiero dármele en todo.   420

---

[106] *materia:* material, propio de la materia, físico.   [107] *rigor:* vehemencia, manifestación extremada.

BARRILDO   Dijo el cura del lugar
                  cierto día en el sermón
                  que había cierto Platón
                  que nos enseñaba a amar;
                      que este amaba el alma sola   425
                  y la virtud de lo amado.
PASCUALA   En materia habéis entrado
                  que, por ventura, acrisola[108]
                      los caletres[109] de los sabios
                  en sus cademias[110] y escuelas.   430
LAURENCIA   Muy bien dice, y no te muelas[111]
                  en persuadir sus agravios.
                      Da gracias, Mengo, a los cielos,
                  que te hicieron sin amor.
MENGO   ¿Amas tú?
LAURENCIA   Mi propio honor.   435
FRONDOSO   Dios te castigue con celos.[(14)]
BARRILDO   ¿Quién gana?
PASCUALA   Con la quistión[112]
                  podéis ir al sacristán,
                  porque él o el cura os darán
                  bastante satisfación.[113]   440
                      Laurencia no quiere bien;
                  yo tengo poca experiencia.
                  ¿Cómo daremos sentencia?
FRONDOSO   ¿Qué mayor que ese desdén?

---

[108] *acrisola:* perfecciona, hace mejores.   [109] *caletres:* talentos, en forma vulgar.   [110] *cademias:* academias, vulgarismo.   [111] *no te muelas:* no te fatigues.   [112] *quistión:* cuestión, forma rústica.   [113] *satisfación:* satisfacción, simplificación del grupo consonántico culto, véase nota 42.

(14) Los celos causan gran sufrimiento y Frondoso, en su primera intervención desde que comenzó la discusión, se los desea a Laurencia. ¿Por qué?

[ESCENA V]

Sale Flores.

FLORES	Dios guarde a la buena gente.	445
PASCUALA	[*a Laurencia aparte*]	
	Este es del Comendador	
	criado.	
LAURENCIA	¡Gentil azor! [114] [*a Flores*]	
	¿De adónde bueno, pariente? [115]	
FLORES	¿No me veis a lo soldado?	
LAURENCIA	¿Viene don Fernando acá?	450
FLORES	La guerra se acaba ya,	
	puesto que [116] nos ha costado	
	alguna sangre y amigos.	
FRONDOSO	Contadnos cómo pasó.	
FLORES	¿Quién lo dirá como yo,	455
	siendo mis ojos testigos?	
	Para emprender la jornada (15)	
	de esta ciudad, que ya tiene	
	nombre de Ciudad Real,	
	juntó el gallardo Maestre	460
	dos mil lucidos infantes	
	de sus vasallos valientes,	
	y trecientos de a caballo,	
	de seglares y de freiles; [117]	

---

[114] *azor:* pájaro de presa (se lo aplica al criado por cuanto sirve al Comendador en sus cacerías amorosas). [115] *¿De adónde bueno, pariente?:* saludo rústico. [116] *Puesto que:* aunque. [117] *seglares y freiles:* por el carácter religioso de la Orden.

(15) Obsérvese cómo de forma indirecta, por medio de la larga relación en romance, se cuentan los hechos ocurridos en la segunda acción, la toma de Ciudad Real, y se superponen ambas acciones.

porque la Cruz roja obliga   465
cuantos al pecho la tienen,
aunque sean de orden sacro;
mas contra moros se entiende.
Salió el muchacho bizarro
con una casaca verde,   470
bordada de cifras de oro,
que sólo los brazaletes
por las mangas descubrían,
que seis alamares[118] prenden.
Un corpulento bridón,[119]   475
rucio rodado,[120] que al Betis[121]
bebió el agua, y en su orilla
despuntó la grama[122] fértil;
el codón,[123] labrado en cintas
de ante; y el rizo copete,[124]   480
cogido en blancas lazadas,
que con las moscas de nieve[125]
que bañan la blanca piel
iguales labores teje.[126]
A su lado Fernán Gómez,   485
vuestro señor, en un fuerte
melado,[127] de negros cabos,[128]
puesto que con blanco bebe.[129]
Sobre turca jacerina,[130]
peto y espaldar[131] luciente,   490

---

[118] *alamares:* botones hechos de trenzas de seda de oro. [119] *bridón:* caballo en-
sillado con riendas y estribos largos. [120] *rucio rodado:* caballo de color claro con
manchas negras. [121] *Betis:* Guadalquivir. [122] *grama:* hierba que sirve de pasto
al ganado. [123] *codón:* bolsa para cubrir la cola del caballo. [124] *rizo copete:* ri-
zado mechón de crin que cae sobre la frente del caballo. [125] *moscas de nieve:* me-
tafóricamente, manchas negras sobre el pelaje blanco del caballo. [126] *iguales labores teje:* porque los lazos blancos destacan sobre la negra crin igual que las manchas negras sobre el pelaje blanco. [127] *melado:* caballo de color miel. [128] *cabos:*
patas, hocico y crines. [129] *con blanco bebe:* con el belfo blanco. [130] *turca jacerina:* cota de mallas muy fina, labrada en Argel. [131] *peto y espaldar:* parte delan-
tera y trasera de la armadura.

con naranjada[132] [casaca],
que de oro y perlas guarnece.[133]
El morrión[134] que, coronado
con blancas plumas, parece
que del color naranjado   495
aquellos azares[135] vierte.
Ceñida al brazo una liga
roja y blanca, con que mueve
un fresno entero por lanza,
que hasta en Granada le temen.   500
La ciudad se puso en arma;
dicen que salir no quieren
de la corona real,
y el patrimonio defienden.
Entróla, bien resistida;   505
y el Maestre a los rebeldes
y a los que entonces trataron
su honor injuriosamente,
mandó cortar las cabezas;
y a los de la baja plebe,   510
con mordazas en la boca,
azotar públicamente.
Queda en ella tan temido
y tan amado, que creen
que quien en tan pocos años   515
pelea, castiga y vence,
ha de ser en otra edad
rayo del África fértil,[136]
que tantas lunas azules[137]
a su roja Cruz sujete.   520
Al Comendador y a todos
ha hecho tantas mercedes,[138]

---

[132] *naranjada:* pudiera referirse al color de la ropa (cuello y bandas) que queda sobre la armadura; *casaca* es reconstrucción del texto deteriorado. [133] *guarnece:* adorna. [134] *morrión:* casco. [135] *azares:* azahares, flor del naranjo. [136] *rayo del África fértil:* alusión a las futuras peleas contra los moros. [137] *lunas azules:* insignias moras. [138] *mercedes:* regalos, favores.

que el saco[139] de la ciudad
el de su hacienda parece.
Mas ya la música suena: 525
recebilde[140] alegremente,
que al triunfo, las voluntades[141]
son los mejores laureles.

[ESCENA VI]

Sale el Comendador y Ortuño; músicos; Juan Rojo [Regidor],
y Esteban [y] Alonso, alcaldes.

Cantan[(16)]

Sea bien venido
el Comendadore [142]   530
de rendir las tierras
y matar los hombres.
¡Vivan los Guzmanes!
¡Vivan los Girones!
Si en las paces blando,   535
dulce en las razones.

---

[139] *saco:* saqueo. [140] *recebilde:* recibidle (variación de la vocal pretónica y metátesis entre la consonante final del imperativo y la primera del pronombre de tercera persona, usual en los Siglos de Oro). [141] *voluntades:* se sobreentiende [bue-
nas]. [142] *Comendadore:* la -*e* es paragógica y da una apariencia de antigüedad y
tradicionalidad al romancillo, a la vez que facilita la rima.

(16) La introducción de canciones, elementos líricos, dentro de una
obra dramática, es usual en el teatro de los Siglos de Oro y, por regla
general, suponen momentos especiales dentro del desarrollo de la acción. En este caso concreto obsérvese cómo aparece por primera vez,
como una unidad, el pueblo de Fuente Ovejuna, que recibe con amor a
su señor. Conviene tomar nota de los «apellidos» o gritos colectivos
(«¡Viva...!») que se entonan, para compararlos con los del tercer acto.

Venciendo moricos,[143]
[fuerte] como un roble,
de Ciudad Reale[144]
viene vencedore;[145]   540
que a Fuente Ovejuna
trae los sus[146] *pendones*[147]
¡Viva muchos años,
viva Fernán Gómez!

COMENDADOR   Villa, yo os agradezco justamente   545
                el amor que me habéis aquí
                                    [mostrado. [(17)]
ALONSO   Aun no muestra una parte del que
                                        [siente,
                   Pero, ¿qué mucho que seáis amado,
                mereciéndolo vos?
ESTEBAN   Fuente Ovejuna
                y el Regimiento[148] que hoy habéis
                                    [honrado, 550
                   que recibáis, os ruega y importuna,
                un pequeño presente, que esos carros
                traen, señor, no sin vergüenza alguna,
                   de voluntades y árboles bizarros,[149]
                más que de ricos dones. Lo primero   555

---

[143] *Venciendo moricos:* es falso, pero pone de manifiesto la ingenuidad del pueblo, para quien el enemigo de los señores de la Orden sólo puede ser el moro.   [144] *Ciudad Reale: -e* paragógica.   [145] *vencedore: -e* paragógica.   [146] *los sus:* construcción arcaizante; para lograr las seis sílabas del verso, hay que establecer sinéresis en *trae.*   [147] *pendones:* estandartes pequeños.   [148] *Regimiento:* cuerpo de regidores de la villa, concejo.   [149] *de voluntades y árboles bizarros: voluntades* son los presentes de buena voluntad; *árboles* son los palos con banderolas y adornos; unos y otros son generosos y lucidos.

(17) Recuérdese la importancia del amor social, base de las relaciones armónicas entre los miembros de la sociedad; en este caso concreto se trata del amor del vasallo por su señor, pero ha de ser recíproco. Más adelante (v. 568) vuelve a haber referencia a este amor del vasallo.

traen dos cestas de polidos barros;[150]
. de gansos viene un ganadillo

                    [entero,
que sacan por las redes las cabezas,
para cantar vueso[151] valor guerrero.

    Diez cebones[152] en sal, valientes

                    [piezas,   560
sin otras menudencias y cecinas;
y más que guantes de ámbar, sus

                    [cortezas.[153]

    Cien pares de capones[154] y gallinas,
que han dejado viudos a sus gallos
en las aldeas que miráis, vecinas.   565

    Acá no tienen armas ni caballos,
no jaeces[155] bordados de oro puro,
si no es oro el amor de los vasallos.

    Y porque digo puro, os aseguro
que vienen doce cueros, que aun en

                    [cueros[156]   570
por enero podéis guardar un muro,
si de ellos aforráis[157] vuestros guerreros,
mejor que de las armas aceradas;
que el vino suele dar lindos aceros.

    De quesos y otras cosas no

                    [excusadas   575
no quiero daros cuenta: justo pecho[158]
de voluntades que tenéis ganadas;
y a vos y a vuestra casa, ¡buen

                    [provecho!

---

   [150] *polidos barros:* pulidas vasijas de barro; *polidos* es vulgarismo.   [151] *vueso:* vuestro, forma rústica.   [152] *cebones:* cerdos cebados.   [153] *y más que guantes de ámbar, sus cortezas:* y oliendo mejor que guantes perfumados con ámbar vienen las cortezas de los cerdos.   [154] *capones:* gallos capados.   [155] *jaeces:* adornos para los caballos.   [156] Obsérvese el juego de palabras entre *cueros* (pieles para conservar el vino) y *en cueros* (desnudos) que permite lo que dice a continuación.   [157] *aforrar:* abrigar, vestir; los soldados que beben el vino se sienten como si estuviesen cubiertos de acero.   [158] *pecho:* en el doble sentido de estimación y tributo.

COMENDADOR	Estoy muy agradecido.
	Id, Regimiento, en buen hora. 580
ALONSO	Descansad, señor, agora,
	y seáis muy bien venido;
	que esta espadaña[159] que veis,
	y juncia,[160] a vuestros umbrales
	fueran perlas orientales, 585
	y mucho más merecéis,
	a ser posible a la villa.
COMENDADOR	Así lo creo, señores.
	Id con Dios.
ESTEBAN	Ea, cantores,
	vaya otra vez la letrilla. 590

Cantan

Sea bien venido
el Comendadore
de rendir las tierras
y matar los hombres.

Vanse.

[ESCENA VII]

[*El Comendador se dirige con sus criados hacia la Casa de la Encomienda, y desde la puerta habla a Laurencia y Pascuala, que se retiraban con los otros vecinos.*]

COMENDADOR	Esperad vosotras dos. 595
LAURENCIA	¿Qué manda su señoría?
COMENDADOR	¿Desdenes el otro día,
	pues, conmigo? ¡Bien, por Dios!

---

[159] *espadaña:* hierba parecida al junco que en las fiestas alfombra el suelo y cuelga de las paredes.   [160] *juncia:* hierba olorosa; véase la nota anterior.

LAURENCIA	¿Habla contigo, Pascuala?
PASCUALA	Conmigo no, ¡tirte ahuera![161] 600
COMENDADOR	Con vos hablo, hermosa fiera,
	y con esotra[162] zagala.
	¿Mías no sois?
PASCUALA	Sí, señor;
	mas no para cosas tales.[(18)]
COMENDADOR	Entrad, pasad los umbrales; 605
	hombres hay, no hayáis[163] temor.
LAURENCIA	Si los alcaldes entraran,
	que de uno soy hija yo,
	bien huera[164] entrar; mas si no...
COMENDADOR	¡Flores!
FLORES	Señor...
COMENDADOR	¿Qué reparan[165] 610
	en no hacer lo que les digo?
FLORES	Entrá,[166] pues.
LAURENCIA	No nos agarre.
FLORES	Entrad, que sois necias.
PASCUALA	Harre,[167]
	que echaréis luego el postigo.[168]
FLORES	Entrad, que os quiere enseñar 615
	lo que trae de la guerra.
COMENDADOR	[*A Ortuño aparte mientras se entra en la casa*]
	Si entraren, Ortuño, cierra.
LAURENCIA	Flores, dejadnos pasar.

---

[161] *tirte ahuera*: ¡anda ya!; exclamación rústica formada por *tirte* (= *tírate*) y *ahuera* (*afuera*, con aspiración de la *f*). [162] *esotra*: esa otra. [163] *hayáis*: tengáis. [164] *huera*: fuera, vulgarismo. [165] *reparan*: *reparar* significa también suspenderse o detenerse por causa de algún obstáculo. [166] *Entrá*: entrad, forma rústica. [167] *harre*: arre, con aspiración vulgar. [168] *postigo*: puerta pequeña abierta en otra mayor.

(18) Obsérvese cómo el Comendador ha planteado el trato con sus vasallos como una relación de posesión; Pascuala acepta esta relación, pero le pone límites: los de la honra personal.

ORTUÑO   ¡También venís presentadas
                con lo demás! [169]
PASCUALA   ¡Bien a fe!   620
                Desvíese, no le dé...
FLORES   Basta, que son extremadas.
LAURENCIA   ¿No basta a vueso [170] señor
                tanta carne presentada?
ORTUÑO   La vuestra es la que le agrada. [171]   625
LAURENCIA   ¡Reviente de mal dolor!

                        Vanse.

FLORES   ¡Muy buen recado [172] llevamos!
                No se ha de poder sufrir
                lo que nos ha de decir
                cuando sin ellas nos vamos.   630
ORTUÑO   Quien sirve se obliga a esto.
                Si en algo desea medrar, [173]
                o con paciencia ha de estar,
                o ha de despedirse presto. [174]

                    [ESCENA VIII]

            [*Sala del palacio de los Reyes*]

*Vanse los dos y salgan el rey don Fernando, la reina doña Isa-
    bel, Manrique y acompañamiento.*

ISABEL   Digo, señor, que conviene   635
                el no haber descuido en esto,
                por ver [a] Alfonso [175] en tal puesto,
                y su ejército previene. [176]

---

[169] *con lo demás:* referencia a los presentes que la villa ha entregado al Comendador.   [170] *vueso:* vuestro, forma rústica.   [171] Nótese el juego verbal con la palabra *carne*.   [172] *recado:* mensaje oral.   [173] *medrar:* mejorar de estado.   [174] *presto:*
pronto.   [175] *Alfonso:* Alfonso V de Portugal, tío y esposo de Juana la Beltraneja.   [176] *previene:* prepara, dispone con anticipación.

	Y es bien ganar por la mano[177]	
	antes que el daño veamos;	640
	que si no lo remediamos,	
	el ser muy cierto está llano.[178]	
REY	De Navarra y de Aragón	
	está el socorro seguro,	
	y de Castilla procuro	645
	hacer la reformación[179]	
	de modo que el buen suceso	
	con la prevención[180] se vea.	
ISABEL	Pues vuestra majestad crea	
	que el buen fin consiste en [eso].	650
MANRIQUE	Aguardando tu licencia	
	dos regidores están	
	de Ciudad Real: ¿entrarán?	
REY	No les nieguen mi presencia.	

[ESCENA IX]

Salen dos Regidores de Ciudad Real.

REGIDOR 1.º[(19)]	Católico rey Fernando,	655
	a quien ha enviado el cielo,	
	desde Aragón a Castilla	
	para bien y amparo nuestro:	
	en nombre de Ciudad Real	
	a vuestro valor supremo	660
	humildes nos presentamos,	
	el real amparo pidiendo.	
	A mucha dicha tuvimos	

---

[177] *ganar por la mano:* adelantarse.   [178] *llano:* claro.   [179] *reformación:* reforma, en el sentido de política.   [180] *prevención:* preparación anticipada.

(19) Nótese cómo vuelve a repetirse en este romance la relación de los sucesos acaecidos en Ciudad Real, y la valoración positiva que los mismos derrotados hacen del joven Maestre, cargando con las culpas el Comendador.

tener título de vuestros,[181]
pero pudo derribarnos   665
de este honor el hado adverso.
El famoso don Rodrigo
Téllez Girón, cuyo esfuerzo
es en valor extremado,
aunque es en la edad tan tierno,   670
Maestre de Calatrava,
él, ensanchar pretendiendo
el honor de la Encomienda,
nos puso apretado cerco.
Con valor nos prevenimos,   675
a su fuerza resistiendo,
tanto, que arroyos corrían
de la sangre de los muertos.
Tomó posesión, en fin;
pero no llegara a hacerlo,   680
a no le dar[182] Fernán Gómez
orden, ayuda y consejo.
Él queda en la posesión,
y sus vasallos seremos;
suyos, a nuestro pesar,   685
a no remediarlo presto.

REY   ¿Dónde queda Fernán Gómez?
REGIDOR 1.º   En Fuente Ovejuna creo,
                       por ser su villa, y tener
                       en ella casa y asiento.   690
                       Allí, con más libertad
                       de la que decir podemos,
                       tiene a los súbditos suyos
                       de todo contento ajenos.[20]

---

[181] Recuérdese que la ciudad pertenecía a los Reyes antes de ser tomada por el Maestre.   [182] *no le dar:* anteposición del pronombre personal frecuente en los Siglos de Oro.

(20) Primera denuncia ante los Reyes del mal comportamiento del Comendador para con sus súbditos.

REY	¿Tenéis algún capitán?	695
REGIDOR 2.º	Señor, el no haberle es cierto,	

pues no escapó ningún noble
de preso, herido o de muerto.

ISABEL   Ese caso no requiere
ser de espacio[183] remediado,   700
que es dar al contrario osado
el mismo valor que adquiere.

Y puede el de Portugal,[184]
hallando puerta segura,[185]
entrar por Extremadura   705
y causarnos mucho mal.

REY   Don Manrique,[186] partid luego,
llevando dos compañías;
remediad sus demasías,[187]
sin darles ningún sosiego.   710

El conde de Cabra[188] ir puede
con vos, que es Córdoba, osado,
a quien nombre de soldado
todo el mundo le concede;
que este es el medio mejor   715
que la ocasión nos ofrece.

MANRIQUE   El acuerdo me parece
como de tan gran valor.

Pondré límite a su exceso,
si el vivir en mí no cesa.   720

ISABEL   Partiendo vos a la empresa,
seguro está el buen suceso.[189]

---

[183] *de espacio:* despacio.   [184] *el de Portugal:* Alfonso V.   [185] *hallando puerta segura:* pues el Maestre de Calatrava favorecía la causa de Juana la Beltraneja.   [186] *Don Manrique:* don Rodrigo Manrique (padre de Jorge Manrique), Maestre de Santiago.   [187] *demasías:* pretensiones desmesuradas.   [188] *El conde de Cabra:* Diego Fernández de Córdoba.   [189] *buen suceso:* éxito.

[ESCENA X]

[*Campo de las cercanías de Fuente Ovejuna*]

Vanse todos y salen Laurencia y Frondoso.

LAURENCIA   A medio torcer los paños,[190]
                   quise, atrevido Frondoso,
                   para no dar que decir,   725
                   desviarme del arroyo;
                   decir a tus demasías
                   que murmura el pueblo todo,
                   que me miras y te miro,
                   y todos nos traen sobre ojo.[191]   730
                   Y como tú eres zagal[192]
                   de los que huellan[193] brioso
                   y, excediendo a los demás,
                   vistes bizarro y costoso,
                   en todo el lugar no hay moza   735
                   o mozo en el prado o soto,
                   que no se afirme diciendo
                   que ya para en uno somos;[194]
                   y esperan todos el día
                   que el sacristán Juan Chamorro   740
                   nos eche de la tribuna,[195]
                   en dejando los piporros.[196]
                   Y mejor sus trojes[197] vean
                   de rubio trigo en agosto
                   atestadas y colmadas,   745

---

[190] Laurencia está lavando en el arroyo.   [191] *traen sobre ojo:* observan.   [192] *zagal:* mozo, pertenece al lenguaje pastoril.   [193] *huellan:* pisan.   [194] *para en uno somos:* estamos comprometidos en matrimonio.   [195] *tribuna:* lugar elevado donde están los que cantan en las iglesias.   [196] *piporros:* instrumentos musicales parecidos al fagot, de viento y sonido grave.   [197] *trojes:* graneros.

y sus tinajas de mosto,
que tal imaginación
me ha llegado a dar enojo;
ni me desvela ni aflige,
ni en ella el cuidado pongo.   750

FRONDOSO.   Tal me tienen tus desdenes,
bella Laurencia, que tomo,
en el peligro de verte,
la vida,[198] cuando te oigo.
Si sabes que es mi intención   755
el desear ser tu esposo,
mal premio das a mi fe.

LAURENCIA   Es que yo no sé dar otro.

FRONDOSO   ¿Posible es que no te duelas
de verme tan cuidadoso,[199]   760
y que, imaginando en ti,
ni bebo, duermo ni como?
¿Posible es tanto rigor
en ese angélico rostro?
¡Viven los cielos, que rabio!   765

LAURENCIA   ¡Pues salúdate,[200] Frondoso!

FRONDOSO.   Ya te pido yo salud,[201]
y que ambos como palomos
estemos, juntos los picos,
con arrullos sonorosos,   770
después de darnos la Iglesia...

LAURENCIA   Dilo a mi tío Juan Rojo,
que, aunque no te quiero bien,
ya tengo algunos asomos.[202] (21)

---

[198] *tomo (...) la vida: tomar la vida:* ponerla en riesgo, pues lo que ella le dice le quita la alegría de verla. [199] *cuidadoso:* lleno de cuidado o preocupación. [200] *salúdate:* cúrate el mal de rabia; referencia de Laurencia al *que rabio* de Frondoso. [201] *salud:* obsérvese el juego de palabras con lo anterior. [202] *ya tengo algunos asomos:* ya siento alguna inclinación hacia ti.

(21) Obsérvese la actitud desdeñosa de Laurencia ante Frondoso, y cómo ante el «buen amor» de éste, que supone el matrimonio, comienza a sentir inclinación por él.

FRONDOSO	¡Ay de mí! El señor es este.	775
LAURENCIA	Tirando viene a algún corzo.	
	¡Escóndete en esas ramas!	
FRONDOSO	¡Y con qué celos me escondo!	

[ESCENA XI]

Sale el Comendador.

COMENDADOR	No es malo venir siguiendo	
	un corcillo temeroso,	780
	y topar tan bella gama.	
LAURENCIA	Aquí descansaba un poco	
	de haber lavado unos paños.	
	Y así, al arroyo me torno,	
	si manda su Señoría.	785
COMENDADOR	Aquesos²⁰³ desdenes toscos	
	afrentan, bella Laurencia,	
	las gracias que el poderoso	
	cielo te dio, de tal suerte²⁰⁴	
	que vienes a ser un monstro.²⁰⁵	790
	Mas si otras veces pudiste	
	huir mi ruego amoroso,	
	agora no quiere el campo,	
	amigo secreto y solo;	
	que tú sola no has de ser	795
	tan soberbia, que tu rostro	
	huyas al señor que tienes,	
	teniéndome a mí en tan poco.	
	¿No se rindió Sebastiana,	
	mujer de Pedro Redondo,	800
	con ser casadas entrambas,²⁰⁶	

---

²⁰³ *Aquesos:* esos.   ²⁰⁴ *de tal suerte:* de forma.   ²⁰⁵ *monstro:* monstruo, forma usual en la época.   ²⁰⁶ *entrambas:* ambas; se refiere a la vez a Sebastiana, mujer de Pedro Redondo, que va delante, y a la de Martín Pozo, que va detrás, con lo que se violenta la sintaxis.

	y la de Martín del Pozo,	
	habiendo apenas pasado	
	dos días del desposorio?	
LAURENCIA	Esas, señor, ya tenían,	805
	de haber andado con otros,	
	el camino de agradaros,	
	porque también muchos mozos	
	merecieron sus favores.	
	Id con Dios, tras vueso corzo;	810
	que a no veros con la Cruz, [207]	
	os tuviera por demonio,	
	pues tanto me perseguís.	
COMENDADOR	¡Qué estilo tan enfadoso!	
	Pongo la ballesta en tierra, [208]	815
	y a la prática [209] de manos	
	reduzgo [210] melindres. [211] (22)	
LAURENCIA	¡Cómo!	
	¿Eso hacéis? ¿Estáis en vos?	

[ESCENA XII]

Sale Frondoso y toma la ballesta.

COMENDADOR	[*creyéndose solo, a Laurencia*]	
	No te defiendas.	
FRONDOSO	[*Aparte*]	
	Si tomo	
	la ballesta, ¡vive el cielo,	820

---

[207] *la Cruz:* la cruz de Calatrava que lleva bordada en el vestido.   [208] Falta entre el verso 815 y el 816 uno para mantener la rima en ó-o del romance.   [209] *prática:* práctica, reducción del grupo consonántico.   [210] *reduzgo:* reduzco, por analogía con otras formas en -go.   [211] *melindres:* remilgos. Por lo tanto el significado de los versos 816-817 es: paso al ataque sexual.

(22) Obsérvese la actitud brutal del Comendador, cuyo «mal amor» se opone totalmente al que antes ha expresado Frondoso.

que no la ponga en el hombro...![212]

COMENDADOR   Acaba, ríndete.

LAURENCIA   ¡Cielos,
ayudadme agora!

COMENDADOR   Solos
estamos; no tengas miedo.

FRONDOSO   [mostrándose al Comendador]
Comendador generoso.   825
dejad la moza o creed
que de mi agravio y enojo
será blanco vuestro pecho,
aunque la Cruz me da asombro.[213] [(23)]

COMENDADOR   ¡Perro villano!

FRONDOSO   No hay perro.   830
¡Huye, Laurencia!

LAURENCIA   Frondoso,
mira lo que haces.

FRONDOSO   Vete.

Vase.

[ESCENA XIII]

COMENDADOR   ¡Oh, mal haya[214] el hombre loco,
que se desciñe la espada!
Que, de no espantar medroso[215]   835
la caza, me la quité.

FRONDOSO   Pues, pardiez, señor, si toco
la nuez,[216] que os he de apiolar.[217]

_____

[212] ¡vive el cielo, que no la ponga en el hombro!: temo no contenerme y dispa-
rar contra mi señor. [213] asombro: respeto. [214] mal haya: mala suerte tenga. [215] medroso: temeroso de que la caza se espantara por el ruido que pudiera
producir. [216] nuez: pieza de la ballesta donde se afianza la cuerda y se encaja la
flecha. [217] apiolar: matar.

(23) El hecho de que un villano se opusiera a su señor era inconce-
bible; a Frondoso lo disculpa el amor.

COMENDADOR   Ya es ida. Infame, alevoso, [218]
              suelta la ballesta luego. [219]   840
              ¡Suéltala, villano!
FRONDOSO   ¿Cómo?
              Que me quitaréis la vida.
              Y advertid que amor es sordo,
              y que no escucha palabras
              el día que está en su trono. [220]   845
COMENDADOR   ¿Pues la [espalda] ha de volver
              un hombre tan valeroso
              a un villano? ¡Tira, infame,
              tira, y guárdate [221] que rompo
              las leyes de caballero! [222]   850
FRONDOSO   Eso, no. Yo me conformo
              con mi estado, y, pues me es
              guardar la vida forzoso,
              con la ballesta me voy.
COMENDADOR   ¡Peligro extraño y notorio!   855
              Mas yo tomaré venganza (24)
              del agravio y del estorbo.
              ¡Que no cerrara con él! [223]
              ¡Vive el cielo, que me corro! [224]

---

[218] *alevoso:* traidor.   [219] *luego:* inmediatamente.   [220] Frondoso se declara enamorado y, por lo tanto, según es aceptado comúnmente, sordo, no puede atender
a razones, lo que justifica en cierta forma su actitud ante su señor, injustificable
según el pensamiento de la época.   [221] *guárdate:* ponte en guardia.   [222] *las leyes
de caballero:* consideran una deshonra que un noble luche contra un villano.   [233] *cerrara con él:* embistiera contra él.   [224] *me corro:* me avergüenzo.

(24) Obsérvese cómo esta amenaza cierra el acto, deja en suspenso al
espectador y lo mantiene expectante acerca de lo que pueda ocurrir en
el acto siguiente.

Conviene fijarse asimismo en cómo va dibujándose poco a poco la relación entre Fuente Ovejuna y su Comendador: aunque hay referencias
a agravios a otras personas, de momento el problema parece centrado
en Laurencia y Frondoso, y ser un problema personal.

ACTO SEGUNDO

[ESCENA I]

[La Plaza de Fuente Ovejuna]

Salen Esteban y Regidor 1.º [(25)]

ESTEBAN   Así tenga salud, como parece,   860
                           que no se saque más agora el
                                       [pósito. [1]
                           El año apunta mal, y el tiempo crece,
                           y es mejor que el sustento esté en
                                         [depósito,
                           aunque lo contradicen más de trece.

---

[1] *pósito:* granero municipal donde se guarda el trigo para prevenir los años de mala cosecha. En este verso se sobreentiende: [el grano] del pósito.

<hr style="border-style: wavy" />

(25) Obsérvese cómo este acto comienza en anticlímax, con una conversación intrascendente acerca de los astrólogos que sostienen Esteban y el Regidor.

REGIDOR 1.º   Yo siempre he sido, al fin, de este
                                          [propósito, 865
                  en gobernar en paz esta república. ²

ESTEBAN   Hagamos de ello a Fernán Gómez
                                          [súplica.
                  No se puede sufrir que estos
                                          [astrólogos ³
                  en las cosas futuras, y ignorantes,
                  nos quieran persuadir con largos
                                          [prólogos 870
                  los secretos a Dios sólo importantes.
                  ¡Bueno es que, presumiendo de
                                          [teólogos,
                  hagan un tiempo el que después y
                                          [antes! ⁴
                  Y pidiendo el presente lo importante,
                  al más sabio veréis más ignorante. ⁵   875
                     ¿Tienen ellos las nubes en su casa,
                  y el proceder de las celestes lumbres?
                  ¿Por dónde ven lo que en el cielo
                                          [pasa,
                  para darnos con ello pesadumbres?
                  Ellos en [el] ⁶ sembrar nos ponen tasa: 880
                  daca ⁷ el trigo, cebada y las
                                          [legumbres.
                  calabazas, pepinos y mostazas...
                  ¡Ellos son, a la fe, las calabazas!

---

² *república:* pueblo, por extensión, y los asuntos que a él tocan. ³ Vv. 867-891:
en estos versos Esteban, hombre del campo dotado de un fuerte sentido común,
duda de los pronósticos que los astrólogos puedan hacer acerca de algo tan concreto como es el problema de la cosecha en los campos de Fuente Ovejuna. ⁴ *el*
que después y antes: se sobreentiende el que (será) después y (fue) antes, o sea, el
futuro y el pasado. ⁵ Vv. 874-875: su sentido es que, aunque los astrólogos sepan
acerca del pasado y del futuro, son unos ignorantes respecto al presente, que es lo
más importante. ⁶ [*el*]: añadido por razones de medida. ⁷ *daca:* da acá, expresión conversacional.

Luego cuentan que muere una
[cabeza,[8]
y después viene a ser en Trasilvania;[9]   885
que el vino será poco, y la cerveza
sobrará por las partes de Alemania;
que se helará en Gascuña[10] la cereza,
y que habrá muchos tigres en
[Hircania.[11]
Y al cabo, al cabo, se siembre o
[no se siembre,   890
el año se remata por diciembre.[12]

[ESCENA II]

Salen el licenciado Leonelo y Barrildo. [(26)]

LEONELO   A fe, que no ganéis la palmatoria,[13]
                 porque ya está ocupado el mentidero.[14]
BARRILDO   ¿Cómo os fue en Salamanca?

---

[8] *una cabeza:* de ganado.   [9] *Trasilvania:* Transilvania, región de la actual Rumanía, que se cita como un lugar lejano, y por eso no se puede comprobar la profecía.   [10] *Gascuña:* antigua provincia del sur de Francia.   [11] *Hircania:* situada en Persia, era famosa por la abundancia de tigres que tenía.   [12] Vv. 890-891: expresión sentenciosa, hecha a la manera de refrán.   [13] *palmatoria:* alude a la costumbre que existía de que el primero que llegara a la escuela se hacía cargo de ella y aplicaba los castigos que imponía el maestro.   [14] *mentidero:* lugar de la plaza donde se reúne la gente para hablar (y contar mentiras).

---

(26) El desvío aparente de la acción principal se continúa en la escena II: una digresión acerca de la imprenta. Conviene analizar las posturas de los dos personajes, el culto y el inculto, ante ella, pues puede resultar paradójica. El espectador puede sacar alguna enseñanza de esta discusión y, de paso, Lope se explaya y se queja de las preocupaciones que la imprenta le ha traído a él personalmente (vv. 916-923). Estas escenas tienen como función el continuar el contraste aldea-corte que ya se esbozó en el acto I, y manifiestan la tranquilidad de la vida aldeana frente a la perturbación que supone la actuación del noble cortesano.

LEONELO   Es larga historia.
BARRILDO   Un Bártulo[15] seréis.
LEONELO   Ni aun un
                                           [barbero.   895
                    Es, como digo, cosa muy notoria[16]
                    en esta facultad lo que os refiero.
BARRILDO   Sin duda que venís buen estudiante.
LEONELO   Saber he procurado lo importante.
BARRILDO   Después que vemos tanto libro
                                         [impreso,[17] 900
                    no hay nadie que de sabio no presuma.
LEONELO   Antes que ignoran más, siento por
                                              [esto,
                    por no se reducir[18] a breve suma,[19]
                    porque la confusión, con el exceso,
                    los intentos resuelve en vana espuma;   905
                    y aquel que de leer tiene más uso,
                    de ver letreros solo está confuso.[20]
                       No niego yo que [de] imprimir el
                                              [arte
                    mil ingenios sacó de entre la jerga,[21]
                    y que parece que en sagrada parte   910
                    sus obras guarda y contra el tiempo
                                           [alberga;[22]
                    este las destribuye[23] y las reparte.
                    Débese esta invención a Cutemberga,[24]

_____

15 *Bártulo:* Bartolo de Sassoferrato, famoso jurista del siglo XIV; Barrildo en su
ignorancia trastrueca el nombre.   16 *notoria:* conocida por todos.   17 *tanto libro
impreso:* la imprenta conoce en los tiempos de Lope un gran desarrollo.   18 *se re-
ducir:* anteposición del pronombre de tercera persona al infinitivo, usual en el Siglo de Oro.   19 *suma:* recopilación, compendio, resumen.   20 Vv. 902-907: el exceso de libros impresos no produce una mayor sabiduría, sino tan sólo confusión;
el que lee demasiado no sabe más, pues no asimila lo que lee.   21 *jerga:* lenguaje
vulgar, los que lo hablan; también paño burdo, los que lo visten.   22 *alberga:*
protege.   23 *destribuye:* distribuye, alteración del timbre vocálico, usual en los Siglos de Oro.   24 *Cutemberga:* Gutemberg, castellanización del nombre.

un famoso tudesco[25] de Maguncia,
en quien la fama su valor renuncia.[26]   915
    Mas muchos que opinión tuvieron
                                        [grave,[27]
por imprimir sus obras la perdieron;
tras esto, con el nombre del que sabe,
muchos sus ignorancias imprimieron.
Otros, en quien la baja envidia cabe,   920
sus locos desatinos escribieron,
y con nombre de aquel que
                                        [aborrecían,
impresos por el mundo los envían.

BARRILDO   No soy de esa opinión.

LEONELO   El ignorante
es justo que se vengue del letrado.   925

BARRILDO   Leonelo, la impresión[28] es importante.

LEONELO   Sin ella muchos siglos se han pasado,
y no vemos que en este se levante[29]
un Jerónimo santo, un Agustino.[30]

BARRILDO   Dejadlo y asentaos, que estáis
                                        [mohíno.[31]   930

[ESCENA III]

Salen Juan Rojo y otro labrador.

JUAN ROJO   No hay en cuatro haciendas para
                                        [un dote,[32]
si es que las vistas[33] han de ser al
                                        [uso;[34]

---

[25] *tudesco:* alemán. [26] *renuncia:* anuncia. [27] *muchos que opinión tuvieron grave:* muchos que tuvieron fama de serios y entendidos. [28] *impresión:* imprenta. [29] Entre el verso 928 y el 929 falta uno para completar la octava. [30] *Agustino:* san Agustín. [31] *mohíno:* enfadado. [32] *dote:* bienes que aporta la mujer al matrimonio. [33] *vistas:* ajuar que se entregan los novios. [34] *al uso:* según costumbre.

que el hombre que es curioso es bien
                                   [que note
que en esto el barrio y vulgo anda
                                   [confuso. 35

LABRADOR   ¿Qué hay del Comendador? ¡No os
                                   [alborote! 935
JUAN ROJO   ¡Cuál a Laurencia en ese campo
                                   [puso! 36
LABRADOR   ¿Quién fue cual él tan bárbaro y
                                   [lascivo?
                 Colgado le vea yo de aquel olivo. (27)

                        [ESCENA IV]

            Salen el Comendador, Ortuño y Flores.

COMENDADOR   Dios guarde la buena gente.
REGIDOR   ¡Oh, señor!
COMENDADOR   ¡Por vida mía,   940
                 que se estén! 37
[ALONSO]   Vusiñoría, 38
ALCALDE   a donde suele se siente,
                 que en pie estaremos muy bien.
COMENDADOR   ¡Digo que se han de sentar!

_____

35 El hombre curioso (que quiere conocer lo que está pasando) se da cuenta de
que el pueblo (el que vive en los caseríos, barrios o arrabales, y vulgo, el común
de la gente) anda confundido por la situación.   36 *¡Cuál a Laurencia en ese campo puso!:* ¿cómo ha podido poner a Laurencia en esa situación?   37 *que se estén*
[*quietos*]: los personajes se han puesto cortésmente en pie a la llegada del Comendador y él les pide que no lo hagan.   38 *Vusiñoría:* vuestra señoría, tratamiento
rústico.

_____

(27) Obsérvense los sentimientos que los actos del Comendador van
despertando en el pueblo de Fuente Ovejuna; aquí habla un labrador
cualquiera, no uno de los implicados directamente en el asunto.

ESTEBAN	De los buenos es honrar,	945
	que no es posible que den	
	honra los que no la tienen. (28)	
COMENDADOR	Siéntense; hablaremos algo.	
ESTEBAN	¿Vio vusiñoría el galgo?	
COMENDADOR	Alcalde, espantados vienen	950
	esos criados de ver	
	tan notable ligereza.	
ESTEBAN	Es una extremada pieza.	
	Pardiez, que puede correr	
	a un lado de un delincuente	955
	o de un cobarde, en quistión.³⁹	
COMENDADOR	Quisiera en esta ocasión	
	que le hiciérades pariente⁴⁰	
	a una liebre que por pies	
	por momentos se me va.	960
ESTEBAN	Sí haré, par⁴¹ Dios. ¿Dónde está?	
COMENDADOR	Allá; vuestra hija es.	
ESTEBAN	¿Mi hija?	
COMENDADOR	Sí.	
ESTEBAN	Pues ¿es buena	
	para alcanzada de vos?	
COMENDADOR	Reñilda,⁴² alcalde, por Dios.	965
ESTEBAN	¿Cómo?	
COMENDADOR	Ha dado en darme pena.	
	Mujer hay, y principal,	
	de alguno que está en la plaza,	
	que dio, a la primera traza,	
	traza de verme.⁴³	

---

³⁹ *en quistión:* en cuestión, vulgarismo. ⁴⁰ *hiciérades pariente:* juntáseis. ⁴¹ *par:* por, es forma de exclamación vulgar. ⁴² *Reñilda:* reñidla, metátesis usual en el Siglo de Oro (véase nota 140 del acto I). ⁴³ *dio, a la primera traza, / traza de verme:* dio, al primer intento, su consentimiento en verme.

(28) Nueva aparición del importante tema de la honra; apréciese la insinuación de Esteban.

ESTEBAN	Hizo mal.	970
	Y vos, señor, no andáis bien	
	en hablar tan libremente.	
COMENDADOR	¡Oh, qué villano elocuente!	
	¡Ah, Flores!, haz que le den	
	la *Política*, en que lea,	975
	de Aristóteles.	
ESTEBAN	Señor,	
	debajo de vuestro honor	
	vivir el pueblo desea.	
	Mirad que en Fuente Ovejuna	
	hay gente muy principal.	980
LEONELO	[*Aparte*]	
	¿Viose desvergüenza igual?	
COMENDADOR	Pues ¿he dicho cosa alguna	
	de que os pese, Regidor?	
REGIDOR	Lo que decís es injusto;	
	no lo digáis, que no es justo	985
	que nos quitéis el honor. (29)	
COMENDADOR	¿Vosotros honòr tenéis?	
	¡Qué freiles de Calatrava! 44	
ESTEBAN	Alguno acaso se alaba	
	de la Cruz que le ponéis,	990
	que no es de sangre tan limpia. 45	

---

44 *¡Qué freiles de Calatrava!:* ironía del Comendador. El honor, según su concepción, es patrimonio de los nobles y, por lo tanto, de los caballeros de las Órdenes Militares, algunos de los cuales tenían el tratamiento de freiles. 45 Vv. 989-991: la expresión es confusa; podría interpretarse: alguno, que no es de sangre tan limpia, acaso se alaba de la cruz (eufemismo por cuernos, recuérdense los versos 799-804 y 967-970) que le ponéis. O bien, que la alabanza sea ironía, pues la cruz (o sea, el Comendador) no es de sangre limpia en su linaje.

~~~~~~

(29) El Regidor, como representante del pueblo, recuerda al Comendador sus obligaciones: proteger y honrar a sus villanos. Obsérvese la conciencia que tienen los villanos de poseer honor, y la actitud del Comendador, que se lo niega, pues considera que sólo los nobles poseen honor, se comporten como se comporten. Al tema del honor se une en este fragmento el de la limpieza de sangre.

COMENDADOR   ¿Y ensúciola yo juntando
                  la mía a la vuestra?

REGIDOR   Cuando
                  que⁴⁶ el mal más tiñe que alimpia. ⁴⁷

COMENDADOR   De cualquier suerte que sea,   995
                  vuestras mujeres se honran.

[ALONSO],   Esas palabras deshonran;
  ALCALDE   las obras no hay quien las crea.

COMENDADOR   ¡Qué cansado villanaje! ⁴⁸
                  ¡Ah! Bien hayan las ciudades   1000
                  que a hombres de calidades
                  no hay quien sus gustos ataje.
                    Allá se precian casados
                  que visiten sus mujeres. ⁽³⁰⁾

ESTEBAN   No harán, ⁴⁹ que con esto quieres   1005
                  que vivamos descuidados.
                    En las ciudades hay Dios,
                  y más presto quien castiga.

COMENDADOR   ¡Levantaos de aquí!

[ALONSO],   ¡Que diga
  ALCALDE   lo que escucháis por los dos! ⁵⁰   1010

COMENDADOR   ¡Salí⁵¹ de la plaza luego! ⁵²
                  No quede ninguno aquí.

ESTEBAN   Ya nos vamos.

COMENDADOR   [Acercándose con violencia a ellos]
                               ¡Pues no! Ansí... ⁵³

FLORES   Que te reportes te ruego.

COMENDADOR   ¡Querrían hacer corrillo⁵⁴   1015
                  los villanos en mi ausencia!

ORTUÑO   Ten un poco de paciencia.

---

⁴⁶ *Cuando que:* puesto que. ⁴⁷ *alimpia:* limpia, vulgarismo. ⁴⁸ *villanaje:* conjunto de villanos. ⁴⁹ *No harán:* Esteban no cree las palabras del Comendador. ⁵⁰ *los dos:* el Regidor y el Alcalde. ⁵¹ *Salí:* salid. ⁵² *luego:* inmediatamente. ⁵³ *Ansí:* así. ⁵⁴ *corrillo:* grupo de unos pocos, unidos para murmurar.

(30) Reaparece la oposición corte [ciudad]/aldea.

COMENDADOR	De tanta me maravillo.
	Cada uno de por sí
	se vayan hasta sus casas.	1020
LEONELO	[*Aparte*]
	¡Cielo, que por esto pasas...!
ESTEBAN	Ya yo me voy por aquí.

[ESCENA V]

Vanse [los labradores, y quedan solos el Comendador y sus criados].

COMENDADOR	¿Qué os parece de esta gente?
ORTUÑO	No sabes disimular,
	que no [quieres] escuchar	1025
	el disgusto que se siente.
COMENDADOR	¿Estos se igualan conmigo?
FLORES	Que no es aqueso[55] igualarse.
COMENDADOR	Y el villano... ¿ha de quedarse
	con ballesta y sin castigo?	1030
FLORES	Anoche pensé que estaba
	a la puerta de Laurencia;
	y a otro, que su presencia
	y su capilla[56] imitaba,
	de oreja a oreja le di	1035
	un beneficio[57] famoso.
COMENDADOR	¿Dónde estará aquel Frondoso?
FLORES	Dicen que anda por ahí.
COMENDADOR	¿Por ahí se atreve a andar
	hombre que matarme quiso?	1040
FLORES	Como el ave sin aviso
	o como el pez, viene a dar
	al reclamo o al anzuelo.

---

[55] *aqueso:* eso. [56] *capilla:* pieza de tela que se pone a la espalda de la capa. [57] *beneficio:* usado aquí irónicamente, pues se trata de todo lo contrario.

COMENDADOR	¡Que a un capitán cuya espada
	tiemblan Córdoba y Granada,[58] 1045
	un labrador, un mozuelo,
	ponga una ballesta al pecho!
	El mundo se acaba, Flores. [(31)]
FLORES	Como eso pueden amores. [59]
	Y pues que vives, sospecho 1050
	que grande amistad le debes.
COMENDADOR	Yo he disimulado, Ortuño,
	que si no, de punta a puño,
	antes de dos horas breves
	pasara todo el lugar; 1055
	que hasta que llegue ocasión
	al freno de la razón
	hago la venganza estar.
	¿Qué hay de Pascuala?
FLORES	Responde
	que anda agora por casarse. 1060
COMENDADOR	Hasta allá quiere fiarse...
FLORES	En fin, te remite donde
	te pagarán de contado. [60]
COMENDADOR	¿Qué hay de Olalla?
ORTUÑO	Una graciosa
	respuesta.
COMENDADOR	Es moza briosa. 1065
	¿Cómo?
ORTUÑO	Que su desposado[61]

---

[58] *Córdoba:* la ciudad cristiana más cercana y *Granada:* aún en poder de los moros; o sea: cristianos y moros tiemblan ante su espada.   [59] *como eso pueden amores:* el amor lo puede todo.   [60] *de contado:* inmediatamente.   [61] *desposado:* novio, prometido.

(31) Obsérvese cómo para el Comendador la actitud de Frondoso oponiéndosele por defender a Laurencia es el colmo de la osadía y subversión y cómo, a renglón seguido, Flores da la única «justificación» existente: el amor.

	anda tras ella estos días
	celoso de mis recados,
	y de que con tus criados
	a visitalla⁶² venías. 1070
	Pero que, si se descuida,
	entrarás como primero.
COMENDADOR	¡Bueno, a fe de caballero!
	Pero el villanejo cuida.⁶³
ORTUÑO	Cuida, y anda por los aires.⁶⁴ 1075
COMENDADOR	¿Qué hay de Inés?
FLORES	¿Cuál?
COMENDADOR	La de Antón.
FLORES	Para cualquier ocasión
	te ha ofrecido sus donaires.
	Habléla por el corral,
	por donde has de entrar si quieres. 1080
COMENDADOR	A las fáciles mujeres
	quiero bien y pago mal.
	Si estas supiesen, oh Flores,
	estimarse en lo que valen...
FLORES	No hay disgustos que se igualen 1085
	a contrastar⁶⁵ sus favores.
	Rendirse presto desdice
	de la esperanza del bien;
	mas hay mujeres también,
	[y] el filósofo⁶⁶ [lo] dice, 1090
	que apetecen a los hombres
	como la forma desea
	la materia,⁶⁷ y que esto sea
	así, no hay de que te asombres.

---

⁶² *visitalla:* visitarla, asimilación de *r* y *l*, véase nota 63 del acto I.   ⁶³ *cuida:* está atento a lo que sucede.   ⁶⁴ *anda por los aires:* anda precavido, con cuidado.   ⁶⁵ *contrastar:* resistir.   ⁶⁶ *el filósofo:* Aristóteles.   ⁶⁷ La cita es muy conocida y parece tomada de *La Celestina:* «¿No has leído el filósofo do dice: así como la materia apetece a la forma, así la mujer al varón?» (I, diálogo de Calisto y Sempronio).

COMENDADOR	Un hombre de amores loco	1095
	huélgase[68] que a su acidente[69]	
	se le rindan fácilmente,	
	mas después las tiene en poco;	
	y el camino de olvidar,	
	al hombre más obligado,	1100
	es haber poco costado	
	lo que pudo desear.[(32)]	

[ESCENA VI]

Sale Cimbranos, soldado.

[CIMBRANOS], SOLDADO	¿Está aquí el Comendador?	
ORTUÑO	¿No le ves en tu presencia?	
[CIMBRANOS], SOLDADO	¡Oh, gallardo Fernán Gómez!	1105
	Trueca[70] la verde montera[71]	
	en el blanco morrión,[72]	
	y el gabán en armas nuevas;[73]	
	que el Maestre de Santiago,	
	y el Conde de Cabra cercan	1110
	a don Rodrigo Girón,	
	por la castellana Reina,	
	en Ciudad Real; de suerte	
	que no es mucho que[74] se pierda	
	lo que en Calatrava sabes	1115

---

[68] *huélgase:* se alegra. [69] *acidente:* accidente, simplificación del grupo consonántico; significa enfermedad repentina (por referencia a *loco de amores*). [70] *Trueca:* cambia. [71] *montera:* un tipo de gorro. [72] *morrión:* casco de la armadura adornado generalmente con plumas. [73] Vv. 1106-1108: cámbiate la ropa de diario por la militar, prepárate para la guerra. [74] *no es mucho que:* no falta mucho para que.

(32) Otro ejemplo de la intención didáctica de la comedia, esta vez claramente dedicada al público femenino.

que tanta sangre le cuesta.
Ya divisan con las luces,
desde las altas almenas,
los castillos y leones
y barras aragonesas. [75]   1120
Y aunque el Rey de Portugal
honrar a Girón quisiera,
no hará poco en que [76] el Maestre
a Almagro con vida vuelva.
Ponte a caballo, señor,   1125
que sólo con que te vean
se volverán a Castilla. [33]

COMENDADOR   No prosigas; tente, [77] espera.
                 Haz, Ortuño, que en la plaza
                 toquen luego [78] una trompeta.   1130
                 ¿Qué soldados tengo aquí?
ORTUÑO   Pienso que tienes cincuenta.
COMENDADOR   Pónganse a caballo todos.
[CIMBRANOS]   Si no caminas apriesa, [79]
SOLDADO   Ciudad Real es del Rey.   1135
COMENDADOR   No hayas miedo que lo sea.

Vanse [*todos*]

---

[75] *castillos y leones:* enseñas de Castilla, *y barras aragonesas:* enseñas de Aragón.   [76] *no hará poco en que:* bastante hará que.   [77] *tente:* contente (de contenerse).   [78] *luego:* inmediatamente.   [79] *apriesa:* aprisa.

---

(33) Como es habitual, se recurre al romance para el relato de sucesos que ocurren fuera de la escena.

[ESCENA VII]

[*Campo en las cercanías de Fuente Ovejuna*]

Salen Mengo y Laurencia y Pascuala, huyendo.

PASCUALA	No te apartes de nosotras.	
MENGO	Pues ¿aquí tenéis temor?	
LAURENCIA	Mengo, a la villa es mejor	
	que vamos[80] unas con otras,	1140
	pues que no hay hombre ninguno,	
	porque no demos[81] con él.[82]	
MENGO	¡Que este demonio cruel	
	nos sea tan importuno![83]	
LAURENCIA	No nos deja a sol ni a sombra.	1145
MENGO.	¡Oh, rayo del cielo baje,	
	que sus locuras ataje!	
LAURENCIA	Sangrienta fiera le nombra,[84]	
	arsénico y pestilencia	
	del lugar.	
MENGO	Hanme contado	1150
	que Frondoso, aquí, en el prado,	
	para librarte, Laurencia,	
	le puso al pecho una jara.[85]	
LAURENCIA	Los hombres aborrecía,	

---

[80] *vamos:* vayamos.   [81] *no demos con:* no nos encontremos.   [82] Vv. 1139-1142: vamos juntos a la villa pues no hay hombre que nos proteja y tememos encontrarnos con el Comendador.   [83] *importuno:* molesto.   [84] *le nombra:* llámale, anteposición del pronombre personal usual en la época.   [85] *jara:* especie de saeta que se tira con ballesta.

	Mengo, mas desde aquel día	1155
	los miro con otra cara. (34)	
	¡Gran valor tuvo Frondoso!	
	Pienso que le ha de costar	
	la vida.	
MENGO	Que del lugar	
	se vaya, será forzoso.	1160
LAURENCIA	Aunque ya le quiero bien,	
	eso mismo le aconsejo;	
	mas recibe mi consejo	
	con ira, rabia y desdén.	
	¡Y jura el Comendador	1165
	que le ha de colgar de un pie!	
PASCUALA	¡Mal garrotillo 86 le dé!	
MENGO	Mala pedrada es mejor.	
	¡Voto al sol, 87 si le tirara	
	con la que 88 llevo al apero, 89	1170
	que al sonar el crujidero, 90	
	al casco se la encajara!	
	No fue Sábalo, 91 el romano,	
	tan vicioso por jamás.	
LAURENCIA	Heliogábalo dirás,	1175
	más que una fiera, inhumano.	
MENGO	Pero Galván 92 (o quién fue,	
	que yo no entiendo de historia)	

---

86 *garrotillo:* difteria.   87 *Voto al sol:* juramento propio de villanos; eufemismo por *Voto a Dios,* para no citar en vano el nombre de Dios; como en acto I, nota 41 y en II, v. 1214.   88 *con la que:* con la [honda] que.   89 *al apero:* al campo, majada o aprisco.   90 *crujidero:* crujido de las cuerdas de la honda al soltar la piedra.   91 *Sábalo:* Heliogábalo, ejemplo de hombre vicioso. Mengo deforma grotescamente el nombre, y le da el de un sabroso pez.   92 *Galván:* esta vez se confunde con el moro Galván (personaje cruel de unos romances de lejano origen carolingio), que rapta, maltrata y manda matar a Moriana.

(34) Obsérvese la evolución de Laurencia y cómo responde a su concepción platónica del amor: deseo de la virtud del amado; comienza a amar a Frondoso por su valiente postura.

mas su cativa memoria[93]
vencida de este se ve.   1180
   ¿Hay hombre en naturaleza
como Fernán Gómez?

PASCUALA   No,
que parece que le dio
de una tigre[94] la aspereza.

[ESCENA VIII]

Sale Jacinta.

JACINTA   ¡Dadme socorro, por Dios,   1185
si la amistad os obliga!
LAURENCIA   ¿Qué es esto, Jacinta amiga?
PASCUALA   Tuyas lo somos las dos.
JACINTA   Del Comendador, criados
que van a Ciudad Real,   1190
más de infamia natural
que de noble acero armados,
   me quieren llevar a él.
LAURENCIA   Pues Jacinta, Dios te libre,
que cuando contigo es libre,[95]   1195
conmigo será cruel.

· Vase.

PASCUALA   Jacinta, yo no soy hombre
que te puedo defender.

Vase.

---

[93] *cativa memoria:* desdichado recuerdo.   [94] *una tigre:* el género de algunas palabras varía en el Siglo de Oro; también pudo referirlo al animal hembra por la aspereza atribuida a las mujeres.   [95] *libre:* quiere comportarse de manera desenvuelta.

MENGO	Yo sí lo tengo de ser,
	porque tengo el ser y el nombre. 1200
	Llégate,⁹⁶ Jacinta, a mí.
JACINTA	¿Tienes armas?
MENGO	Las primeras
	del mundo.
JACINTA	¡Oh, si las tuvieras!
MENGO	Piedras hay, Jacinta, aquí

[ESCENA IX]

Salen Flores y Ortuño.

FLORES	¿Por los pies⁹⁷ pensabas irte? 1205
JACINTA	Mengo, ¡muerta soy!
MENGO	Señores,
	¿a estos pobres labradores...?
ORTUÑO	Pues ¿tú quieres persuadirte⁹⁸
	a defender la mujer?
MENGO	Con los ruegos la defiendo, 1210
	que soy su deudo⁹⁹ y pretendo
	guardalla,¹⁰⁰ si puede ser.
FLORES	Quitalde¹⁰¹ luego la vida.
MENGO	¡Voto al sol, si me emberrincho,¹⁰²
	y el cáñamo me descincho,¹⁰³ 1215
	que la llevéis bien vendida!¹⁰⁴

---

⁹⁶ *Llégate:* acércate.   ⁹⁷ *Por los pies:* corriendo.   ⁹⁸ *quieres persuadirte:* convencerte a ti mismo; obsérvese el régimen *a*.   ⁹⁹ *deudo:* pariente.   ¹⁰⁰ *guardalla:* guardarla, asimilación.   ¹⁰¹ *Quitalde:* quitadle, metátesis, véase nota 140 del acto I.   ¹⁰² *me emberrincho:* me enfado de manera violenta; expresión coloquial.   ¹⁰³ *y el cáñamo me descincho;* y me desciño la honda (que es de ese material).   ¹⁰⁴ *que la llevéis bien vendida:* vais a «cobrar» bien; de ahí: la llevaréis bien vendida; o sea, os daré una buena paliza.

[ESCENA X]

Salen el Comendador y Cimbranos.

COMENDADOR	¿Qué es eso? ¿A cosas tan viles	
	me habéis de hacer apear?[105]	
FLORES	Gente de este vil lugar,	
	que ya es razón que aniquiles	1220
	pues en nada te da gusto,	
	a nuestras armas se atreve.[106]	
MENGO	Señor, si piedad os mueve	
	de soceso[107] tan injusto,	
	castigad estos soldados	1225
	que con vuestro nombre[108] agora	
	roban una labradora	
	[a] esposo y padres honrados;	
	y dadme licencia a mí	
	que se la pueda llevar.	1230
COMENDADOR	Licencia les quiero dar...	
	para vengarse de ti.	
	¡Suelta la honda!	
MENGO	¡Señor!...	
COMENDADOR	Flores, Ortuño, Cimbranos,	
	con ella le atad[109] las manos.	1235
MENGO	¿Así volvéis por su honor?[110]	
COMENDADOR	¿Qué piensan Fuente Ovejuna	
	y sus villanos de mí?	
MENGO	Señor, ¿en qué os ofendí,	
	ni el pueblo, en cosa ninguna?	1240

---

[105] *apearse:* bajarse del caballo, en sentido metafórico: a eso habéis de hacer que descienda mi atención.   [106] *a nuestras armas se atreve:* se atreve a enfrentarse con nosotros.   [107] *soceso:* suceso, forma vulgar en boca del rústico.   [108] *con vuestro nombre:* se sobreentiende: por delante.   [109] *le atad:* atadle, anteposición del pronombre ante el imperativo, usual en el Siglo de Oro.   [110] *¿Así volvéis por su honor?:* ¿Así cuidáis de su honor?

FLORES	¿Ha de morir?
COMENDADOR	No ensuciéis

las armas que habéis de honrar
en otro mejor lugar.

ORTUÑO	¿Qué mandas?
COMENDADOR	Que lo azotéis.

Llevalde,[111] y en ese roble   1245
le atad y le desnudad,[112]
y con las riendas...

MENGO	¡Piedad,

piedad, pues sois hombre noble!

COMENDADOR	... azotalde[113] hasta que salten

los hierros de las correas.   1250

MENGO	¡Cielos! ¿A hazañas tan feas

queréis que castigos falten?

Vanse.

[ESCENA XI]

COMENDADOR	Tú, villana, ¿por qué huyes?

¿Es mejor un labrador
que un hombre de mi valor?   1255

JACINTA	¡Harto bien me restituyes

el honor que me han quitado
en llevarme para ti![114]

COMENDADOR	¿En quererte llevar?
JACINTA	Sí,

porque tengo un padre honrado,   1260
que si en alto nacimiento

---

[111] *Llevalde:* llevadle, metátesis. [112] *le atad y le desnudad:* atadle y desnudadle, anteposición del pronombre. [113] *azotalde:* azotadle, metátesis. [114] Vv. 1256-1258 Jacinta recrimina irónicamente al Comendador por su mal comportamiento.

	no te iguala, en las costumbres	
	te vence. [35]	
COMENDADOR	Las pesadumbres	
	y el villano atrevimiento	
	no tiemplan bien un airado. [115]	1265
	¡Tira por ahí!	
JACINTA	¿Con quién?	
COMENDADOR	Conmigo.	
JACINTA	Míralo bien.	
COMENDADOR	Para tu mal lo he mirado.	
	Ya no mía, del bagaje [116]	
	del ejército has de ser.	1270
JACINTA	No tiene el mundo poder	
	para hacerme, viva, ultraje.	
COMENDADOR	Ea, villana, camina.	
JACINTA	¡Piedad, señor!	
COMENDADOR	No hay piedad.	
JACINTA	Apelo de tu crueldad	1275
	a la justicia divina. [36]	

Llévanla y vanse, y salen Laurencia y Frondoso.

---

[115] *no tiemplan bien un airado:* no aplacan la ira de una persona enfadada. [116] *bagaje:* lo que es necesario para el servicio del ejército. El Comendador entrega a Jacinta a sus soldados.

(35) De nuevo el tema del honor: Jacinta defiende el concepto de honra horizontal, el que se basa en el modo de comportarse de las personas y no en la altura de su nacimiento.

(36) Obsérvese cómo a lo largo de este acto se van acumulando las referencias al castigo que merecen las malas acciones del Comendador y que culminan en la apelación a la justicia divina que hace Jacinta.

[ESCENA XII]

LAURENCIA   ¿Cómo así a venir te atreves,
                 sin temer tu daño?
FRONDOSO   Ha sido
                 dar testimonio cumplido
                 de la afición[117] que me debes.   1280
                 Desde aquel recuesto[118] vi
                 salir al Comendador,
                 y, fiado[119] en tu valor,
                 todo mi temor perdí.
                 ¡Vaya donde no le vean   1285
                 volver!
LAURENCIA   Tente[120] en maldecir,
                 porque suele más vivir
                 al que la muerte desean.[121]
FRONDOSO   Si es eso, ¡viva mil años!,
                 y así se hará todo bien,   1290
                 pues deseándole bien,
                 estarán ciertos sus daños.
                 Laurencia, deseo saber
                 si vive en ti mi cuidado,[122]
                 y si mi lealtad ha hallado   1295
                 el puerto de merecer.
                 Mira que toda la villa
                 ya para en uno nos tiene;[123]
                 y de cómo a ser no viene,
                 la villa se maravilla.   1300

---

[117] *afición:* inclinación, amor.   [118] *recuesto:* repecho, cuesta.   [119] *fiado:* confiado.   [120] *Tente:* contente, guárdate de.   [121] Vv. 1286-1288: creencia popular; de ahí
lo que dice luego Frondoso.   [122] *cuidado:* el cuidado o cuita que el amor suscita
en Frondoso; es decir: si ella siente como propio el cuidado del amor de él.   [123] *ya*
para en uno nos tiene: cree que vamos a desposarnos.

	Los desdeñosos extremos	
	deja, y responde no o sí.	
LAURENCIA	Pues a la villa y a ti	
	respondo que lo seremos.	
FRONDOSO	Deja que tus plantas bese[124]	1305
	por la merced recebida,[125]	
	pues el cobrar nueva vida	
	por ella es bien que confiese.	
LAURENCIA	De cumplimientos acorta,	
	y, para que mejor cuadre,[126]	1310
	habla, Frondoso, a mi padre,	
	pues es lo que más importa,	
	que allí viene con mi tío;	
	y fía[127] que ha de tener	
	ser, Frondoso, tu mujer	1315
	¡buen suceso![128]	
FRONDOSO	·¡En Dios confío!	

Escónde[n]se

[ESCENA XIII]

Salen Esteban, [Alonso, el otro] alcalde y el Regidor [y Juan Rojo].

[ALONSO],	Fue su término de modo	
ALCALDE	que la plaza alborotó.	
	En efeto,[129] procedió	
	muy descomedido en todo.	1320
	No hay a quien admiración[130]	
	sus demasías no den.	

---

[124] *tus plantas bese:* fórmula de cortesía.   [125] *recebida:* recibida, variación en el timbre vocálico.   [126] *para que mejor cuadre:* para que todo se ajuste de acuerdo con las normas del honor del pueblo en cuanto a la preparación de las bodas.   [127] *fía:* confía.   [128] *buen suceso:* buena suerte.   [129] *efeto:* efecto, reducción del grupo consonántico.   [130] *admiración:* motivo de asombro.

La pobre Jacinta es quien
pierde por su sinrazón. [131]

[JUAN ROJO],   Ya [a] los Católicos Reyes,   1325
REGIDOR   que este nombre les dan ya,
                     presto [132] España les dará
                     la obediencia de sus leyes.
                         Ya sobre Ciudad Real,
                     contra el Girón que la tiene,   1330
                     Santiago [133] a caballo viene
                     por capitán general.
                         Pésame, que era Jacinta
                     doncella de buena pro. [134]

[ALONSO],   ¿Luego a Mengo le azotó?   1335
ALCALDE.

[JUAN ROJO],   No hay negra bayeta o tinta
REGIDOR   como sus carnes están.

[ESTEBAN],   Callad, que me siento arder,
ALCALDE   viendo su mal proceder
                     y el mal nombre que le dan.   1340
                         Yo ¿para qué traigo aquí
                     este palo [135] sin provecho?

[JUAN ROJO],   Si sus criados lo han hecho,
REGIDOR   ¿de qué os afligís ansí? [136]

[ALONSO],   ¿Queréis más? Que me contaron   1345
ALCALDE   que a la de Pedro Redondo
                     un día que en lo más hondo
                     de este valle la encontraron,
                         después de sus insolencias,
                     a sus criados la dio.[(37)]   1350

---

[131] *sinrazón:* acción hecha contra justicia y fuera de lo razonable o debido. [132] *presto:* pronto. [133] *Santiago:* juego de palabras; se alude a la vez a la Orden de Santiago, que era favorable a los Reyes Católicos, y al apóstol Santiago,
patrón de España. [134] *de buena pro:* de bien, buena. [135] *palo:* se refiere a la vara
de alcalde que simboliza su autoridad. [136] *ansí:* así.

(37) Nótese el recuento que se hace de los excesos del Comendador y
la indignación que provocan, así como la alusión a los Reyes Católicos
y al deseo de que éstos vengan.

[JUAN ROJO], REGIDOR	Aquí hay gente. ¿Quién es?
FRONDOSO	Yo, que espero vuestras licencias.
[JUAN ROJO], REGIDOR	Para mi casa, Frondoso, licencia no es menester; debes a tu padre el ser, y a mí otro ser amoroso.

[JUAN ROJO], REGIDOR
Para mi casa, Frondoso,
licencia no es menester;
debes a tu padre el ser,   1355
y a mí otro ser amoroso.
        Hete[137] criado, y te quiero
como a hijo.

FRONDOSO   Pues, señor,
fiado en aquese[138] amor,
de ti una merced espero.   1360
        Ya sabes de quién soy hijo.

ESTEBAN   ¿Hate[139] agraviado ese loco
de Fernán Gómez?

FRONDOSO   No poco.

ESTEBAN   El corazón me lo dijo.

FRONDOSO   Pues, señor, con el seguro[140]   1365
del amor que habéis mostrado,
de Laurencia enamorado,
el ser su esposo procuro.
        Perdona si en el pedir
mi lengua se ha adelantado;   1370
que he sido en decirlo osado,
como otro lo ha de decir.

ESTEBAN   Vienes, Frondoso, a ocasión
que me alargarás la vida,
por la cosa más temida[141]   1375
que siente mi corazón.
        Agradezco, hijo, al cielo
que así vuelvas por mi honor,

---

[137] *Hete:* te he; postposición del pronombre al verbo, usual en el Siglo de Oro. [138] *aquese:* ese. [139] *Hate:* te ha; véase nota 137. [140] *Seguro:* seguridad. [141] *por la cosa más temida:* lo que más temor le causaba era el casamiento de la hija por causa de las amenazas del Comendador; casándola, el padre descansá.

y agradézcole a tu amor
la limpieza de tu celo.   1380

   Mas, como es justo, es razón
dar cuenta a tu padre de esto;
sólo digo que estoy presto,
en sabiendo su intención;

   que yo dichoso me hallo   1385
en que aqueso[142] llegue a ser.

REGIDOR   De la moza el parecer
tomad, antes de acetallo.[143]

[ESTEBAN],   No tengáis de eso cuidado,
ALCALDE que ya el caso está dispuesto;   1390
antes de venir a esto,
entre ellos se ha concertado.

   En el dote, si advertís,[144]
se puede agora tratar,
que por bien os pienso dar   1395
algunos maravedís.[145]

FRONDOSO   Yo dote no he menester.[146]
De eso no hay que entristeceros.

[JUAN ROJO], ¡Pues que no la pide en cueros,
REGIDOR lo podéis agradecer!   1400

ESTEBAN   Tomaré el parecer de ella;
si os parece, será bien.

FRONDOSO   Justo es, que no hace bien
quien los gustos atropella.[(38)]

---

[142] *aqueso:* eso.   [143] *acetallo:* aceptarlo; simplificación del grupo consonántico y asimilación.   [144] *si advertís:* si eso merece que tratemos de ello.   [145] *maravedís:* moneda antigua y también moneda en general.   [146] *no he menester:* no necesito.

(38) Se ha planteado aquí un tema que conforma el nudo de muchas comedias: la libertad de las hijas en la elección del marido; al contrario que en muchas otras ocasiones, aquí no se plantea como problema: por una parte el padre y el novio desean conocer el parecer de la hija y, por otra, ella está dispuesta a la obediencia.

ESTEBAN	¡Hija! ¡Laurencia!
LAURENCIA	Señor. 1405
ESTEBAN	Mirad si digo bien yo.

¡Ved qué presto[147] respondió!
Hija Laurencia, mi amor,
a preguntarte ha venido...

[*Se van a un lado*]

	(apártate aquí)... si es bien 1410

que a Gila, tu amiga, den
a Frondoso por marido,
    que es un honrado zagal,
si le hay en Fuente Ovejuna.

LAURENCIA	¿Gila se casa?
ESTEBAN	Y si alguna 1415

le merece y es su igual...

LAURENCIA	Yo digo, señor, que sí.
ESTEBAN	Sí, mas yo digo que es fea,

y que harto mejor se emplea
Frondoso, Laurencia, en ti.   1420

LAURENCIA	¿Aún no se te han olvidado

los donaires[148] con la edad?

ESTEBAN	¿Quiéresle[149] tú?
LAURENCIA	Voluntad

le he tenido y le he cobrado,
    pero por lo que tú sabes.   1425

ESTEBAN	¿Quieres tú que diga sí?
LAURENCIA	Dilo tú, señor, por mí.
ESTEBAN	¿Yo? ¿Pues tengo yo las llaves?

Hecho está. Ven, buscaremos...

[*Vuelven al grupo con los demás*]

---

[147] *presto:* pronto.   [148] *los donaires:* las bromas.   [149] *Quiéresle:* le quieres, postposición del pronombre personal.

	a mi compadre en la plaza.	1430
REGIDOR	Vamos.	
ESTEBAN	Hijo, y en la traza	

del dote,[150] ¿qué le diremos?
         Que yo bien te puedo dar
cuatro mil maravedís.

FRONDOSO   Señor, ¿eso me decís?   1435
         ¡Mi honor queréis agraviar!

ESTEBAN   Anda, hijo, que eso es
cosa que pasa en un día;
que si no hay dote, a fe mía,
que se echa menos después.   1440

Vanse, y queda Frondoso y Laurencia.

LAURENCIA   Di, Frondoso, ¿estás contento?

FRONDOSO   ¡Cómo si lo estoy! ¡Es poco,
pues que no me vuelvo loco
de gozo, del bien que siento!

         Risa vierte el corazón   1445
por los ojos, de alegría,
viéndote, Laurencia mía,
en tal dulce posesión.

Vanse.

[ESCENA XIV]

*Salen el Maestre, el Comendador, Flores y
Ortuño*

COMENDADOR   Huye, señor, que no hay otro
                                        [remedio.

MAESTRE.   La flaqueza del muro lo ha causado,   1450
y el poderoso ejército enemigo.

---

[150] *y en la traza / del dote:* y acerca de la dote.

COMENDADOR	Sangre les cuesta, y infinitas vidas.
MAESTRE	Y no se alabarán que en sus despojos
	pondrán nuestro pendón de
	[Calatrava,[151]
	que a honrar su empresa y los
	[demás bastaba. 1455
COMENDADOR	Tus desinios,[152] Girón, quedan
	[perdidos.
MAESTRE.	¿Qué puedo hacer, si la fortuna
	[ciega[153]
	a quien hoy levantó, mañana
	[humilla?

Dentro.

[VOCES]	¡Vitoria[154] por los reyes de Castilla!
MAESTRE	Ya coronan de luces las almenas, 1460
	y las ventanas de las torres altas
	entoldan con pendones vitoriosos.[155]
COMENDADOR	Bien pudieran, de sangre que les
	[cuesta.
	A fe, que es más tragedia que no
	[fiesta.
MAESTRE	Yo vuelvo a Calatrava, Fernán Gómez. 1465
COMENDADOR	Y yo a Fuente Ovejuna, mientras
	[tratas
	o seguir esta parte de tus deudos
	o reducir la tuya al Rey Católico.[156]

---

[151] El pendón era el símbolo del ejército y su pérdida suponía un desho-
nor. [152] *desinios:* designios, intenciones; reducción del grupo consonántico. [153] La ceguera de la fortuna y su inconstancia es un tópico de amplia tradición en la literatura española. [154] *Vitoria:* victoria; reducción del grupo consonántico. [155] *pendones vitoriosos:* pendones victoriosos, los de los Reyes Católicos. [156] Vv. 1466-1468: mientras piensas si vas a seguir defendiendo el bando que
tomaron tus parientes o vas a pasarte al de los Reyes Católicos.

MAESTRE	Yo te diré por cartas lo que intento.
COMENDADOR	El tiempo ha de enseñarte.
MAESTRE	¡Ah, pocos [años, 1470

sujetos al rigor de sus engaños! [157]

[ESCENA XV]

[*Plaza de Fuente Ovejuna*]

Sale la boda, músicos, Mengo, Frondoso, Laurencia, Pascuala,
Barrildo, Esteban, alcalde [y Juan Rojo].

MÚSICOS	*¡Vivan muchos años*	
	los desposados!	
	¡Vivan muchos años!	
MENGO	A fe, que no os ha costado	1475
	mucho trabajo el cantar.	
BARRILDO	¿Supiéraslo tú trovar [158]	
	mejor que él está trovado?	
FRONDOSO	Mejor entiende de azotes,	
	Mengo, que de versos ya.	1480
MENGO	Alguno en el valle está,	
	para que no te alborotes,	
	a quien el Comendador...	
BARRILDO	No lo digas, por tu vida,	
	que este bárbaro homicida	1485
	a todos quita el honor.	
MENGO	Que me azotasen a mí	
	cien soldados aquel día...	
	sola una honda tenía;	
	harto desdichado fui.	1490
	Pero que le hayan echado	
	una melecina [159] a un hombre,	

---

[157] *sus engaños:* los engaños a los que lleva la juventud e inexperiencia.   [158] *trovar:* rimar, hacer versos.   [159] *melecina:* ayuda, lavativa.

que, aunque no diré su nombre,
todos saben que es honrado,
llena de tinta y de chinas,[160]   1495
¿cómo se puede sufrir?

BARRILDO   Haríalo por reír.

MENGO   No hay risa con melecinas,
que aunque es cosa saludable...
yo me quiero morir luego.   1500

FRONDOSO   ¡Vaya la copla, te ruego...!,
si es la copla razonable.

MENGO   *¡Vivan muchos años juntos*
los novios, ruego a los cielos,
y por envidias ni celos   1505
ni riñan ni anden en puntos![161]
Lleven a entrambos[162] *difuntos,*
de puro vivir cansados.
¡Vivan muchos años!

[FRONDOSO]   ¡Maldiga el cielo el poeta,   1510
que tal coplón arrojó!

BARRILDO   Fue muy presto...[163]

MENGO   Pienso yo
una cosa de esta seta.[164]
¿No habéis visto un buñolero,[165]
en el aceite abrasando,   1515
pedazos de masa echando,
hasta llenarse el caldero?
Que unos le salen hinchados,
otros tuertos[166] y mal hechos,
ya zurdos y ya derechos,   1520
ya fritos y ya quemados.

---

[160] *chinas:* piedrecitas pequeñas, guijarros.   [161] *anden en puntos:* anden en discusión por menudencias, se muestren puntillosos.   [162] *entrambos:* ambos.   [163] *Fue muy presto:* la improvisó (la copla) demasiado deprisa.   [164] *seta:* secta, se refiere a la de los poetas que improvisan; reducción del grupo consonántico.   [165] *buñolero:* el que hace buñuelos.   [166] *tuertos:* torcidos.

Pues así imagino yo
un poeta componiendo,
la materia previniendo,[167]
que es quien la masa le dio.[168]   1525
Va arrojando verso aprisa
al caldero del papel,
confiado en que la miel
cubrirá la burla y risa.
Mas poniéndolo en el pecho,[169]   1530
apenas hay quien los tome;
tanto, que sólo los come
el mismo que los ha hecho.

BARRILDO   ¡Déjate ya de locuras!
Deja los novios hablar.   1535

LAURENCIA   Las manos nos da[170] a besar.

JUAN [ROJO]   Hija, ¿mi mano procuras?[171]
Pídela a tu padre luego[172]
para ti y para Frondoso.

ESTEBAN   Rojo, a ella y a su esposo   1540
que se la dé, el cielo ruego,
con su larga bendición.

FRONDOSO   Los dos a los dos la echad.[173]

JUAN [ROJO]   ¡Ea, tañed[174] y cantad,
pues que para en uno son![175]   1545

MÚSICOS   *Al val[176] de Fuente Ovejuna*
la niña en cabello[177] baja;

---

[167] *previniendo:* preparando.   [168] *que es quien la masa le dio:* la masa de los buñuelos o materia de la composición.   [169] *poniéndolo en el pecho:* ofreciéndole un buñuelo y poniéndoselo delante, pocos lo toman, o sea que pocos leen el verso (o poema) que ha compuesto el poeta.   [170] *nos da:* dadnos; anteposición del pronombre.   [171] *procuras:* solicitas (e intentas conseguir).   [172] *luego:* enseguida.   [173] *Los dos a los dos la echad:* entregadnos (a los dos, a Laurencia y a mí) los dos (Esteban y Juan Rojo) la mano para recibir la bendición.   [174] *tañed:* tocad los instrumentos.   [175] *pues que para en uno son:* puesto que se han desposado.   [176] *val:* valle, es forma que aparece en topónimos.   [177] *niña en cabello:* doncella; era costumbre que, hasta que no se casara, la mujer fuera con la cabeza descubierta, sin toca ni cofia.

el caballero la sigue
de la Cruz de Calatrava.
Entre las ramas se esconde,   1550
de vergonzosa y turbada;
fingiendo que no le ha visto,
pone delante las ramas.

¿Para qué te ascondes,[178]
niña gallarda?   1555
Que mis linces deseos[179]
paredes pasan.

Acercóse el caballero,
y ella, confusa y turbada,
hacer quiso celosías[180]   1560
de las intricadas[181] ramas.
Mas, como quien tiene amor,
los mares y las montañas
atraviesa fácilmente,
la dice tales palabras: 1565

«¿Para qué te ascondes,
niña gallarda?
Que mis linces deseos
paredes pasan.»[(39)]

---

[178] *ascondes:* escondes, arcaísmo mantenido como forma rústica.   [179] *linces deseos:* uso poco frecuente de un sustantivo *(lince)* en función adjetival y metafórica. Recuérdese que el lince es un animal caracterizado por su larga y aguda vista.   [180] *celosías:* enrejados de listones de madera, que forman unos pequeños agujeros a través de los que se puede mirar sin ser visto; o sea, quiso protegerse o esconderse detrás de las ramas.   [181] *intricadas:* intrincadas, enredadas, enmarañadas.

---

(39) Las canciones, acompañadas en ocasiones de bailes, eran frecuentes en las comedias. Obsérvese el fuerte contraste que se produce entre la alegría de la boda y la delicadeza de la canción, y los lamentables y rudos incidentes posteriores.

[ESCENA XVI]

Sale el Comendador, Flores, Ortuño y Cimbranos.

COMENDADOR	Estése la boda queda,[182]	1570
	y no se alborote nadie.	
JUAN [ROJO]	No es juego aqueste, señor,	
	y basta que tú lo mandes.	
	¿Quieres lugar? [183] ¿Cómo vienes	
	con tu belicoso alarde?[184]	1575
	¿Venciste? Mas ¿qué pregunto?	
FRONDOSO	¡Muerto soy! ¡Cielos, libradme!	
LAURENCIA	Huye por aquí, Frondoso.	
COMENDADOR	Eso no. ¡Prendelde, atalde![185]	
JUAN [ROJO]	Date, muchacho, a prisión.	1580
FRONDOSO	Pues ¿quieres tú que me maten?	
JUAN [ROJO]	¿Por qué?	
COMENDADOR	No soy hombre yo	
	que mato sin culpa a nadie,	
	que si lo fuera, le hubieran	
	pasado de parte a parte	1585
	esos soldados que traigo.	
	Llevarle mando a la cárcel,	
	donde la culpa que tiene	
	sentencie su mismo padre.	
PASCUALA	Señor, mirad que se casa.	1590
COMENDADOR	¿Qué me obliga a que se case?[186]	
	¿No hay otra gente en el pueblo?	
PASCUALA	Si os ofendió, perdonadle,	
	por ser vos quien sois.	

---

[182] *queda:* quieta.   [183] *¿Quieres lugar?:* ¿quieres un sitio en la fiesta?   [184] *belicoso alarde:* acompañamiento de soldados.   [185] *Prendelde, atalde:* prendedle, atadle; metátesis.   [186] *¿Qué me obliga a que se case?:* el Comendador no reconoce tampoco el poder de la Iglesia, pues Pascuala le avisa que hay por medio un sacramento que profanará si lleva adelante sus intentos deshonestos.

COMENDADOR   No es cosa,
               Pascuala, en que yo soy parte.   1595
               Es esto contra el Maestre
               Tellez Girón, que Dios guarde;
               es contra toda su Orden,
               es su honor, y es importante
               para el ejemplo, el castigo;   1600
               que habrá otro día quien trate
               de alzar pendón contra él,
               pues ya sabéis que una tarde
               al Comendador mayor
               —¡qué vasallos tan leales!—   1605
               puso una ballesta al pecho.
ESTEBAN   Supuesto que el disculparle
               ya puede tocar a un suegro,
               no es mucho que en causas tales
               se descomponga[187] con vos   1610
               un hombre, en efeto,[188] amante.
               Porque si vos pretendéis
               su propia mujer quitarle,
               ¿qué mucho que la defienda?
COMENDADOR   Majadero sois, alcalde.   1615
ESTEBAN   Por vuestra virtud, señor.
COMENDADOR   Nunca yo quise quitarle
               su mujer, pues no lo era.
ESTEBAN   ¡Sí quisistes...! Y esto baste,
               que Reyes hay en Castilla,   1620
               que nuevas órdenes hacen,
               con que desórdenes quitan.
               Y harán mal, cuando descansen
               de las guerras, en sufrir
               en sus villas y lugares   1625
               a hombres tan poderosos
               por traer cruces tan grandes.

---

[187] *se descomponga:* se enemiste.   [188] *efeto:* efecto; reducción del grupo consonántico.

	Póngasela el Rey al pecho,	
	que para pechos reales	
	es esa insignia, y no más. [(40)]	1630
COMENDADOR	¡Hola! [189] ¡La vara quitalde!	
ESTEBAN	Tomad, señor, norabuena. [190]	
COMENDADOR	[*Golpeándolo con la vara*]	
	Pues con ella quiero dalle, [191]	
	como a caballo brioso.	
ESTEBAN.	Por señor os sufro. Dadme.	1635
PASCUALA	¡A un viejo de palos das!	
LAURENCIA	Si le das porque es mi padre,	
	¿qué vengas en él de mí?	
COMENDADOR	Llevadla, y haced que guarden	
	su persona diez soldados.	1640

Vase él y los suyos.

ESTEBAN	¡Justicia del cielo baje!

Vase.

PASCUALA	¡Volvióse en luto la boda!

Vase.

BARRILDO	¿No hay aquí un hombre que hable?	
MENGO	Yo tengo ya mis azotes,	
	que aun se ven los cardenales, [192]	1645

---

[189] *¡Hola!:* exclamación que demuestra sorpresa y enojo y que no tiene el valor actual; se usaba sólo con criados.   [190] *norabuena:* en hora buena.   [191] *dalle:* darle, asimilación; véase nota 63 del acto I.   [192] *cardenales:* Mengo juega con el doble significado de 'hematoma' o contusión morada causada por los golpes y 'dignidad eclesiástica'.

(40) Obsérvese la rebeldía frente al Comendador que tiñe las palabras de Esteban; pero su actitud no es revolucionaria, sino que defiende la monarquía fuerte, encarnada en los Reyes Católicos.

sin que un hombre vaya a Roma...
Prueben otros a enojarle.

JUAN [ROJO]   Hablemos todos.

MENGO   Señores,
aquí todo el mundo calle.
Como ruedas de salmón [193]   1650
me puso los atabales. [194](41)

---

[193] *ruedas de salmón:* rodajas de color salmón.   [194] *atabales:* instrumentos musicales en forma de media esfera cubierta de pergamino; Mengo lo usa como eufemismo por nalgas.

(41) Este acto termina también con una gran suspensión, aunque las bromas de Mengo rebajen un poco la tensión alcanzada.

ACTO TERCERO

[ESCENA I]

[Sala en la que se reunen los vecinos de Fuente Ovejuna]

Salen Esteban, Alonso y Barrildo.

ESTEBAN	¿No han venido a la junta?
BARRILDO	No han [venido.
ESTEBAN	Pues más apriesa[1] nuestro daño corre.
BARRILDO	Ya está lo más[2] del pueblo prevenido.
ESTEBAN	Frondoso con prisiones en la torre, 1655
	y mi hija Laurencia en tanto aprieto,
	si la piedad de Dios no lo socorre...[42]

---

[1] *apriesa:* aprisa.   [2] *lo más:* la mayor parte.

(42) Obsérvese cómo las palabras de Esteban recogen la situación tal como había quedado al final del acto anterior. Recuérdese que, entre acto y acto, en la comedia española solía representarse un entremés con

[ESCENA II]

Salen Juan Rojo y el [otro] Regidor.

JUAN   ¿De qué³ dais voces, cuando
                                    [importa tanto
            a nuestro bien, Esteban, el secreto?
ESTEBAN   Que doy tan pocas es mayor espanto. 1660

Sale Mengo.

MENGO   También vengo yo a hallarme en
                                    [esta junta.
ESTEBAN   Un hombre cuyas canas baña el
                                    [llanto,
            labradores honrados, os pregunta
            qué obsequias⁴ debe hacer toda esta
                                    [gente
            a su patria⁵ sin honra, ya perdida.   1665
            Y si se llaman honras justamente,
                ¿cómo se harán, si no hay entre
                                    [nosotros
            hombre a quien este bárbaro no
                                    [afrente?
            Respondedme: ¿hay alguno de vosotros
            que no esté lastimado en honra y
                                    [vida? 1670

---

³ *De qué:* [¿A propósito] de qué [asunto]...?   ⁴ *obsequias:* exequias, honras que
se hacen a los difuntos.   ⁵ *patria:* lugar en que se nace o vive.

otro asunto o un baile, que distraía hasta cierto punto al espectador, lo
que hacía necesaria una breve recopilación de lo sucedido anteriormente, como ocurre aquí y más adelante (vv. 1691-1694).

                    ¿No os lamentáis los unos de los
                                              [otros?
                    Pues si ya la tenéis todos perdida,
                        ¿a qué aguardáis? ¿Qué
                                              [desventura es esta? (43)
JUAN   La mayor que en el mundo fue
                                              [sufrida.
                    Mas pues ya se publica y manifiesta   1675
                    que en paz tienen los Reyes a
                                              [Castilla,
                    y su venida a Córdoba se apresta, 6
                    vayan dos regidores a la villa,
                        y, echándose a sus pies, pidan
                                              [remedio.
BARRILDO   En tanto que [aquel Rey] Fernando
                                              [humilla 1680
                    a tantos enemigos, otro medio
                        será mejor, pues no podrá,
                                              [ocupado,
                    hacernos bien con tanta guerra en
                                              [medio. (44)
REGIDOR   Si mi voto de vos fuera escuchado,
                        desamparar 7 la villa doy por voto.   1685

---

6 *se apresta:* se prepara con presteza.   7 *desamparar:* abandonar.

(43) La pérdida del honor no afecta ya a unas personas en concreto,
sino a toda la colectividad de Fuente Ovejuna, y debe resolverse en forma colectiva; de ahí la junta, en que hay representantes de todo el
pueblo.

(44) Nótese cómo, una vez más, se recurre a la autoridad de los Reyes
Católicos. El pueblo no pone en duda la validez del sistema monárquico, no es revolucionario en el sentido de que pretenda implantar la soberanía popular como solución final del caso planteado; únicamente recurre a tomarse la justicia por su mano debido a que los quehaceres bé-
licos del Rey le impedían prestar atención a un problema que exigía
una pronta resolución.

JUAN   ¿Cómo es posible en tiempo limitado?
MENGO   ¡A la fe, que si entiendo el alboroto,
            que ha de costar la junta alguna
                                          [vida![8]
REGIDOR   Ya todo el árbol de paciencia roto,
            corre la nave de temor perdida.   1690
                La hija quitan con tan gran fiereza
            a un hombre honrado, de quien es
                                          [regida
            la patria en que vivís, y en la cabeza
            la vara quiebran tan injustamente.
            ¿Qué esclavo se trató con más bajeza?   1695
JUAN   ¿Qué es lo que quieres tú que el
                                          [pueblo intente?
REGIDOR   Morir, o dar la muerte a los tiranos,
            pues somos muchos, y ellos poca
                                          [gente.
BARRILDO   ¡Contra el señor las armas en las
                                          [manos!
ESTEBAN   El rey solo es señor después del
                                          [cielo, 1700
            y no bárbaros hombres inhumanos.
            Si Dios ayuda nuestro justo celo,
                ¿qué nos ha de costar?[(45)]

---

[8] *ha de costar la junta alguna vida:* si el Comendador se entera, mandará
matarnos.

〰〰〰〰〰〰〰〰〰〰〰〰〰〰〰〰〰〰〰〰〰〰〰〰〰〰〰〰〰〰〰〰

(45) La situación es delicada para Lope: se trata de justificar la venganza que se toman unos villanos contra su señor, sin poner en entre-
dicho el sistema político. Obsérvese cómo a lo largo de la obra se han
ido acumulando poco a poco razones que la justifican: el señor es quien
ha roto las relaciones de armonía con sus vasallos al deshonrarlos, se
ha convertido en un tirano (v. 1697), en bárbaro hombre inhumano (v.
1701), por lo tanto hasta Dios (v. 1702) está de parte de ellos; es la ar-
bitrariedad e injusticia de los nobles que no actúan según deben lo que

MENGO   Mirad,
                                        [señores,
          que vais⁹ en estas cosas con recelo.¹⁰
          Puesto que por los simples labradores 1705
              estoy aquí, que más injurias pasan,
              más cuerdo represento sus temores.
JUAN   Si nuestras desventuras se compasan¹¹
              para perder las vidas, ¿qué
                                        [aguardamos?
          Las casas y las viñas nos abrasan;⁽⁴⁶⁾   1710
          tiranos son. ¡A la venganza vamos!¹²⁽⁴⁷⁾

                          [ESCENA III]

                 Sale Laurencia, desmelenada.

LAURENCIA   Dejadme entrar, que bien puedo,
                 en consejo de los hombres;

---

⁹ *vais:* vayais.   ¹⁰ Mengo les advierte que sean cautelosos ante lo peligroso de sus decisiones.   ¹¹ *se compasan:* crecen al compás de llegar a correr el riesgo de morir.   ¹² *vamos:* vayamos.

se critica. La visión teocéntrica de la monarquía con el Rey como único señor sigue en pie (v. 1700), se repetirá a lo largo de la obra en numerosas ocasiones y quedará muy claramente expuesta.

(46) Aquí se cita la destrucción de las propiedades de los villanos como una queja más contra el Comendador (referencia que aparece en la *Chrónica* en la que se basó Lope), queja que antes no había aparecido y que volverá a nombrarse más adelante. Obsérvese cómo Lope hace escasas referencias a este aspecto del problema, centrándose más en la conducta lujuriosa del Comendador, por considerarlo de más impacto dramático.

(47) Estas dos primeras escenas, que han tratado de asuntos graves y serios, se acompañan de la estrofa que les corresponde: los tercetos encadenados.

que bien puede[13] una mujer,
si no a dar voto, a dar voces.   1715
¿Conocéisme?

ESTEBAN   ¡Santo cielo!
¿No es mi hija?

JUAN   ¿No conoces
a Laurencia?

LAURENCIA   Vengo tal,
que mi diferencia os pone
en contingencia quién soy.[14]   1720

ESTEBAN   ¡Hija mía!

LAURENCIA   No me nombres
tu hija.

ESTEBAN   ¿Por qué, mis ojos?
¿Por qué?

LAURENCIA   ¡Por muchas razones!
Y sean las principales,
porque dejas que me roben   1725
tiranos sin que me vengues,
traidores sin que me cobres.[15]
Aún no era yo de Frondoso,
para que digas que tome,
como marido, venganza,   1730
que aquí por tu cuenta corre;
que en tanto que de las bodas
no haya llegado la noche,
· del padre y no del marido,
la obligación presupone;   1735
que en tanto que no me entregan
una joya, aunque la compre,
no ha de correr por mi cuenta
las guardas[16] ni los ladrones.
Llevóme de[17] vuestros ojos   1740

---

[13] *bien puede:* se sobreentiende [entrar].   [14] Vv. 1718-1720: vengo tan cambiada que dudáis quién soy.   [15] *me cobres:* me recobres.   [16] *las guardas:* los guardianes.   [17] *de:* delante de.

a su casa Fernán Gómez;
la oveja al lobo dejáis,
como cobardes pastores.
¿Qué dagas no vi en mi pecho?
¡Qué desatinos[18] enormes,   1745
qué palabras, qué amenazas,
y qué delitos atroces
por rendir mi castidad
a sus apetitos torpes!
Mis cabellos, ¿no lo dicen?   1750
¿No se ven aquí los golpes,
de la sangre, y las señales?
¿Vosotros sois hombres nobles?
¿Vosotros, padres y deudos?[19]
¿Vosotros, que no se os rompen   1755
las entrañas de dolor,
de verme en tantos dolores?
Ovejas sois, bien lo dice
de Fuente Ovejuna el nombre.[20]
¡Dadme unas armas a mí,   1760
pues sois piedras, pues sois bronces,
pues sois jaspes,[21] pues sois tigres...!
Tigres no, porque feroces
siguen quien roba sus hijos,
matando los cazadores   1765
antes que entren por el mar,
y por sus ondas se arrojen.
Liebres cobardes nacistes;[22]
bárbaros sois, no españoles.
¡Gallinas, vuestras mujeres   1770
sufrís que otros hombres gocen!
¡Poneos ruecas en la cinta![23]

---

[18] *desatinos:* locuras.   [19] *deudos:* parientes.   [20] Vv. 1758-1759: *Fuente Ovejuna* es 'fuente de las ovejas' según la etimología popular.   [21] *jaspes:* piedras de varios colores parecidas al mármol.   [22] *nacistes:* nacisteis; ambas formas eran usuales en el Siglo de Oro.   [23] *cinta:* cintura.

¿Para qué os ceñís estoques?[24]
¡Vive Dios, que he de trazar[25]
que solas mujeres cobren   1775
la honra, de estos tiranos,
la sangre, de estos traidores!
¡Y que os han de tirar piedras,
hilanderas, maricones,
amujerados, cobardes!   1780
¡Y que mañana os adornen
nuestras tocas y basquiñas,[26]
solimanes y colores![27]
A Frondoso quiere ya,
sin sentencia, sin pregones,   1785
colgar el Comendador
del almena de una torre;
de todos hará lo mismo;
y yo me huelgo,[28] medio hombres,
porque quede sin mujeres   1790
esta villa honrada, y torne[29]
aquel siglo de amazonas,[30]
eterno espanto del orbe.[31]

ESTEBAN   Yo, hija, no soy de aquellos
que permiten que los nombres   1795
con esos títulos viles.
Iré solo, si se pone
todo el mundo contra mí.

JUAN   Y yo, por más que me asombre[32]
la grandeza del contrario.   1800

REGIDOR   Muramos todos.

_____

[24] *estoques:* espadas cortas y estrechas que sólo hieren por la punta. [25] *trazar:* discurrir, poner los medios para un intento. [26] *basquiñas:* sayas. [27] *solimanes y colores:* cosméticos. [28] *me huelgo:* me alegro por ello. [29] *torne:* vuelva. [30] *amazonas:* formaban un pueblo sólo de mujeres y se caracterizaban por su belicosidad. [31] *orbe:* mundo. [32] *asombre:* espante.

BARRILDO	Descoge[33]
	un lienzo al viento en un palo,
	y mueran estos inormes.[34]
JUAN	¿Qué orden pensáis tener?
MENGO	Ir a matarle sin orden. 1805
	Juntad el pueblo a una voz,
	que todos están conformes
	en que los tiranos mueran.
ESTEBAN	Tomad espadas, lanzones,[35]
	ballestas, chuzos[36] y palos. 1810
MENGO	¡Los reyes, nuestros señores,
	vivan!
TODOS	¡Vivan muchos años!
MENGO	¡Mueran tiranos traidores!
TODOS	¡Traidores tiranos mueran![(48)]

Vanse todos.

---

[33] *Descoge:* despliega. [34] *inormes:* enormes, no tanto en el sentido de tamaño como en el de 'fuera de la norma', 'de la ley'. [35] *lanzones:* lanzas cortas y gruesas que usan los que guardan viñas y otras haciendas de campo. [36] *chuzos:* palos con un pincho de hierro en el extremo.

~~~~~~

(48) Nótese cómo en estos «apellidos» o gritos colectivos se refleja claramente lo dicho en 44 y 45: defensa de la monarquía y rechazo del tirano que, además (y esto entrelaza la acción segunda con la primera), es un traidor, pues ha levantado las armas contra los Reyes Católicos, en defensa de la Beltraneja. Estos gritos se repetirán a lo largo de las escenas siguientes, dejando muy clara la posición de los habitantes de Fuente Ovejuna.

[ESCENA IV]

[*En el tumulto, Laurencia llama a las mujeres, que quedan solas en escena*]

LAURENCIA	Caminad, que el cielo os oye.	1815
	¡A..., mujeres de la villa!	
	¡Acudid, porque se cobre[37]	
	vuestro honor! ¡Acudid todas!	

Salen Pascuala, Jacinta y otras mujeres.

PASCUALA	¿Qué es esto? ¿De qué das voces?	
LAURENCIA	¿No veis cómo todos van	1820
	a matar a Fernán Gómez,	
	y hombres, mozos y muchachos	
	furiosos, al hecho corren?	
	¿Será bien que solos ellos	
	de esta hazaña el honor gocen,	1825
	pues no son de las mujeres	
	sus agravios los menores?	
JACINTA	Di, pues, ¿qué es lo que pretendes?	
LAURENCIA	Que puestas todas en orden,	
	acometamos un hecho	1830
	que dé espanto a todo el orbe.	
	Jacinta, tu grande agravio,	
	que sea cabo;[38] responde	
	de una escuadra de mujeres.	
JACINTA	¡No son los tuyos menores!	1835
LAURENCIA	Pascuala, alférez[39] serás.	

---

[37] *se cobre:* se recobre. [38] *cabo:* en el doble sentido de 'cabeza', el primero en
ser vengado, y de 'oficial en la milicia'. [39] *alférez:* en un principio era el que llevaba la bandera.

PASCUALA	Pues déjame que enarbole
	en un asta la bandera;
	verás si merezco el nombre.
LAURENCIA	No hay espacio para eso, 1840
	pues la dicha nos socorre;[40]
	bien nos basta que llevemos
	nuestras tocas[41] por pendones.
PASCUALA	Nombremos un capitán.
LAURENCIA	¡Eso no!
PASCUALA	¿Por qué?
LAURENCIA	Que adonde 1845
	asiste mi gran valor,
	no hay Cides ni Rodamontes.[42]

Vanse.

[ESCENA V][(49)]

[*En la casa de la Encomienda*]

*Sale Frondoso, atadas las manos; Flores, Ortuño, Cimbranos y
el Comendador.*

COMENDADOR	De ese cordel que de las manos
	[sobra,
	quiero que le colguéis, por mayor
	[pena.

---

[40] *pues la dicha nos socorre:* la suerte, la fortuna, que Laurencia espera que sea buena en cuanto a su propósito. [41] *tocas:* piezas de tela que cubren la cabeza. [42] *Cides ni Rodamontes:* referencia al Cid Campeador y a Rodomonte (en italiano), personaje del *Orlando furioso* de Ariosto, que destaca por su bravuconería.

(49) Obsérvese que en esta escena y las siguientes se juega con un doble plano: sucesos que aparecen en la escena y sucesos que ocurren «dentro», que sólo se conocen a través de las voces que los refieren, que suelen ser los más violentos y que, por lo tanto, se evita representarlos directamente ante el espectador para no causar su desagrado.

FRONDOSO   ¡Qué nombre, gran señor, tu sangre
                                              [cobra! 1850

COMENDADOR   Colgalde[43] luego en la primera
                                              [almena.

FRONDOSO   Nunca fue mi intención poner por
                                                  [obra
                  tu muerte, entonces.

FLORES   Grande ruido
                                              [suena.

                          Ruido suene.

COMENDADOR   ¿Ruido?

FLORES   Y de manera que
                                        [interrompen[44]
                  tu justicia, señor.

ORTUÑO   ¡Las puertas
                                              [rompen! 1855

                            Ruido.

COMENDADOR   ¡La puerta de mi casa, y siendo
                                              [casa
                  de la Encomienda!

FLORES   ¡El pueblo junto
                                              [viene!

JUAN   *Dentro.*
                  ¡Rompe, derriba, hunde, quema,
                                              [abrasa!

ORTUÑO   Un popular motín mal se detiene.

COMENDADOR   ¿El pueblo, contra mí?

_____

[43] *Colgalde:* colgadle, metátesis.   [44] *interrompen:* interrumpen.

FLORES   La furia pasa   1860
tan adelante, que las puertas tiene
echadas por la tierra.

COMENDADOR   Desatalde.[45]
Templa,[46] Frondoso, ese villano
                                              [Alcalde.

FRONDOSO   Yo voy, señor, que amor les ha
                                              [movido.[50]

                        Vase.

MENGO   *Dentro.*
¡Vivan Fernando y Isabel, y mueran   1865
los traidores!

FLORES   Señor, por Dios te pido
que no te hallen aquí.

COMENDADOR   Si perseveran,
este aposento es fuerte y defendido.
Ellos se volverán.

FLORES   Cuando se alteran
los pueblos agraviados, y resuelven,[47] 1870
nunca sin sangre o sin venganza
                                              [vuelven.

COMENDADOR   En esta puerta así como rastrillo,[48]
su furor con las armas defendamos.

---

[45] *Desatalde:* desatadle, metátesis.   [46] *Templa:* calma.   [47] *resuelven:* se determinan a hacer algo.   [48] *rastrillo:* reja, frecuentemente levadiza, que defiende la entrada de una fortaleza.

---

(50) Aquí vuelve a hacerse referencia al amor social, el lazo que une a los miembros de una comunidad, y que hace que los habitantes de Fuente Ovejuna acudan a rescatar a Frondoso. Este lazo de amor no existe, en cambio, en relación con el Comendador, pues él se ha encargado de romperlo.

FRONDOSO   *Dentro.*
                ¡Viva Fuente Ovejuna!
COMENDADOR   ¡Qué caudillo!
                Estoy por que a su furia acometamos. 1875
FLORES   De la tuya, señor, me maravillo.
ESTEBAN   Ya el tirano y los cómplices miramos.
                ¡Fuente Ovejuna, y los tiranos
                                    [mueran!

[ESCENA VI]

Salen todos.

COMENDADOR   ¡Pueblo esperad!
TODOS   ¡Agravios nunca
                                    [esperan!
COMENDADOR   Decídmelos a mí, que iré pagando,   1880
                a fe de caballero, esos errores.
TODOS   ¡Fuente Ovejuna! ¡Viva el rey
                                    [Fernando!
                ¡Mueran malos cristianos, y traidores!
COMENDADOR   ¿No me queréis oír? Yo estoy
                                    [hablando.
                ¡Yo soy vuestro señor!
TODOS   ¡Nuestros señores   1885
                son los Reyes Católicos!
COMENDADOR   ¡Espera!
TODOS   ¡Fuente Ovejuna, y Fernán Gómez
                                    [muera!

[ESCENA VII]

[El Comendador y los suyos se retiran combatiendo por un lado de la escena, y mientras los hombres van tras de ellos, las mujeres entran por el otro lado]

Vanse, y salen las mujeres armadas.

LAURENCIA	Parad en este puesto de
	[esperanzas, [49]
	soldados atrevidos, no mujeres.
PASCUALA	¡Lo que mujeres son en las
	[venganzas! 1890
	¡En él beban su sangre! ¡Es bien
	[que esperes!
JACINTA	¡Su cuerpo recojamos en las lanzas!
PASCUALA	Todas son de esos mismos pareceres.
ESTEBAN	*Dentro.*
	¡Muere, traidor Comendador!
COMENDADOR	Ya muero.
	¡Piedad, Señor, que en tu clemencia
	[espero! 1895
BARRILDO	*Dentro.*
	Aquí está Flores.
MENGO *[Dentro]*	¡Dale a ese bellaco!
	Que ese fue el que me dio dos mil
	[azotes.

---

[49] *puesto de esperanzas:* porque en ese lugar será reparado el honor perdido; las mujeres salen en grupo tumultuoso y Laurencia las detiene en la escena.

FRONDOSO   *Dentro.*
                   No me vengo, si el alma no le saco.

LAURENCIA   ¡No excusamos entrar.[50]

PASCUALA   No te alborotes.
                   Bien es guardar la puerta.

BARRILDO   *Dentro.*
                                        No me
                                   [aplaco. 1900
                   ¡Con lágrimas agora, marquesotes![51]

LAURENCIA   Pascuala, yo entro dentro, que la
                                        [espada
                   no ha de estar tan sujeta ni
                                   [envainada.

                   Vase.

BARRILDO   *Dentro.*
                   Aquí está Ortuño.

FRONDOSO   *Dentro.*
                                   Córtale la cara.

            Sale Flores huyendo, y Mengo tras él.

FLORES   ¡Mengo, piedad, que no soy yo el
                                   [culpado! 1905

MENGO   Cuando ser alcahuete[52] no bastara,
                   bastaba haberme el pícaro azotado.

PASCUALA   ¡Dánoslo a las mujeres, Mengo! ¡Para,
                   acaba por tu vida...!

---

[50] *No excusamos entrar:* no encontramos razón que impida la entrada.   [51] *marquesotes:* despectivo, no alude realmente al título; se refiere a los hombres del Comendador.   [52] *alcahuete:* pues preparaba los encuentros amorosos del Comendador.

MENGO	Ya está dado,
	que no le quiero yo mayor castigo. 1910
PASCUALA	Vengaré tus azotes.
MENGO	Eso digo.
JACINTA	¡Ea, muera el traidor!
FLORES	¿Entre mujeres?
JACINTA	¿No le viene muy ancho?[53]
PASCUALA	¿Aqueso[54]
	[lloras?
JACINTA	¡Muere, concertador de sus placeres!
PASCUALA	¡Ea, muera el traidor!
FLORES	¡Piedad, señoras! 1915

Sale Ortuño huyendo de Laurencia.

ORTUÑO.	Mira que no soy yo...
LAURENCIA	¡Ya sé quién
	[eres!
	¡Entrad, teñid las armas vencedoras
	en estos viles!
PASCUALA	¡Moriré matando!
TODAS	¡Fuente Ovejuna, y viva el rey
	[Fernando!

---

[53] *¿No le viene muy ancho?:* morir a manos de una mujer era considerado una deshonra enorme; sin embargo, Jacinta considera que es incluso una muerte excesivamente digna *(le viene ancho)* para Flores. [54] *Aqueso:* esto (el hecho de que lo maten las mujeres).

[ESCENA VIII]

[Sala del palacio de los Reyes]

*Vanse, y salen el rey Fernando y la reina doña Isabel y don Man-
rique, Maestre.*

MANRIQUE	De modo la prevención[55]	1920
	fue, que el efeto[56] esperado	
	llegamos a ver logrado,	
	con poca contradición.[57]	
	Hubo poca resistencia;	
	y supuesto que la hubiera,	1925
	sin duda ninguna fuera	
	de poca o ninguna esencia.	
	Queda el de Cabra ocupado	
	en conservación del puesto,[58]	
	por si volviere dispuesto	1930
	a él el contrario osado.	
REY	Discreto el acuerdo fue,	
	y que asista[59] es conveniente,	
	y reformando la gente,	
	el paso[60] tomado esté.	1935
	Que con eso se asegura	
	no podernos hacer mal	
	Alfonso, que en Portugal	
	tomar la fuerza procura.	
	Y el de Cabra es bien que esté	1940
	en ese sitio asistente,	

---

[55] *prevención:* preparativos hechos para ejecutar algo. [56] *efeto:* efecto; simplificación del grupo consonántico. [57] *contradición:* contradicción, oposición; simplificación del grupo consonántico culto. [58] *el puesto:* Ciudad Real. [59] *asista:*
esté presente. [60] *el paso:* pues Ciudad Real era considerado lugar que Alfonso V
de Portugal podía usar como paso para atacar Castilla y derrotar a los Reyes
Católicos.

y como tan diligente,
muestras de su valor dé,
   porque con esto asegura
el daño que nos recela,[61]   1945
y como fiel centinela
el bien del Reino procura.

[ESCENA IX]

Sale Flores, herido.

FLORES
   Católico Rey Fernando,
a quien el cielo concede
la corona de Castilla,   1950
como a varón excelente:
oye la mayor crueldad
que se ha visto entre las gentes,
desde donde nace el sol
hasta donde se escurece.[62]   1955

REY
Repórtate.

FLORES
   Rey supremo,
mis heridas no consienten
dilatar[63] el triste caso,
por ser mi vida tan breve.
De Fuente Ovejuna vengo,   1960
donde, con pecho inclemente,
los vecinos de la villa
a su señor dieron muerte.
Muerto Fernán Gómez queda
por sus súbditos aleves,[64]   1965
que vasallos indignados
con leve causa se atreven.

---

[61] *asegura / el daño que nos recela:* evita el daño que tememos. [62] *escurece:* oscurece. [63] *dilatar:* alargar. [64] *aleves:* traidores, los que se levantan contra su señor.

Con título de tirano,
que le acumula la plebe,
a la fuerza de esta voz   1970
el hecho fiero acometen;
y quebrantando su casa,
no atendiendo a que se ofrece
por la fe de caballero
a que pagará a quien debe,   1975
no sólo no le escucharon,
pero[65] con furia impaciente
rompen el cruzado pecho[66]
con mil heridas crueles;
y por las altas ventanas   1980
le hacen que al suelo vuele,
adonde en picas[67] y espadas
le recogen las mujeres.
Llévanle a una casa muerto,
y a porfía,[68] quien más puede,   1985
mesa[69] su barba y cabello,
y apriesa[70] su rostro hieren.
En efeto,[71] fue la furia
tan grande que en ellos crece,
que las mayores tajadas   1990
las orejas a ser vienen.[72]
Sus armas[73] borran con picas
y a voces dicen que quieren
tus reales armas fijar,
porque aquellas les ofenden.   1995
Saqueáronle la casa,
cual si de enemigos fuese,
y gozosos entre todos
han repartido sus bienes.

---

[65] *pero:* sino que. [66] *cruzado pecho:* por la cruz que lleva el Comendador bordada en el pecho. [67] *picas:* lanzas. [68] *a porfía:* rivalizando. [69] *mesa:* arranca. [70] *apriesa:* aprisa. [71] *efeto:* efecto; reducción del grupo consonántico culto. [72] Vv. 1990-1991: lo descuartizan en trozos muy pequeños. [73] *armas:* blasones y emblemas.

Lo dicho he visto escondido,   2000
porque mi infelice⁷⁴ suerte
en tal trance no permite
que mi vida se perdiese.
Y así estuve todo el día
hasta que la noche viene,   2005
y salir pude escondido
para que cuenta te diese.
Haz, señor, pues eres justo
que la justa pena lleven
de tan riguroso caso   2010
los bárbaros delincuentes.
Mira que su sangre a voces
pide que tu rigor prueben.[51]

REY   Estar puedes confiado
que sin castigo no queden.   2015
El triste suceso ha sido
tal, que admirado me tiene;
y que vaya luego⁷⁵ un juez
que lo averigüe conviene,
y castigue los culpados   2020
para ejemplo de las gentes.
Vaya un capitán con él,
porque seguridad lleve,
que tan grande atrevimiento
castigo ejemplar requiere.   2025
Y curad a ese soldado
de las heridas que tiene.[52]

---

⁷⁴ *infelice:* infeliz.   ⁷⁵ *luego:* inmediatamente.

(51) Vuelven a aparecer los sucesos recientemente ocurridos, esta vez en forma de relato, con todo tipo de detalles y desde un punto de vista parcial.

(52) El Rey no puede dejar de condenar los hechos y declara sus intenciones de castigar a los culpables, con lo que el público vuelve a quedar expectante ante lo que ocurrirá. •

[ESCENA X]

[Plaza de Fuente Ovejuna]

Vanse, y salen los labradores y labradoras, con la cabeza de Fernán Gómez en una lanza.

MÚSICOS	¡Muchos años vivan
	Isabel y Fernando,
	y mueran los tiranos!

2030

BARRILDO	¡Diga su copla Frondoso!
FRONDOSO	Ya va mi copla, a la fe;
	si le faltare algún pie,[76]
	enmiéndelo el más curioso:[77]

¡Vivan la bella Isabel   2035
y Fernando de Aragón
pues que para en uno son:
él con ella, ella con él!
A los cielos San Miguel
lleve a los dos de las manos.   2040
¡Vivan muchos años,
y mueran los tiranos!

LAURENCIA	¡Diga Barrildo!
BARRILDO	Ya va,
	que a fe que la he pensado.
PASCUALA	Si la dices con cuidado,

2045

	buena y rebuena será.
BARRILDO	¡Vivan los Reyes famosos
	muchos años, pues que tienen
	la vitoria,[78] y a ser vienen
	nuestros dueños venturosos!

2050

---

[76] *pie:* verso de la copla.   [77] *curioso:* esmerado en hacer algo; aquí, la copla.   [78] *vitoria:* victoria; reducción del grupo consonántico culto.

	¡Salgan siempre vitoriosos[79]	
	de gigantes y de enanos,[80]	
	y mueran los tiranos!	
MÚSICOS	*¡Muchos años vivan*	
	[Isabel y Fernando,	2055
	y mueran los tiranos!][(53)]	
LAURENCIA	¡Diga Mengo!	
FRONDOSO	¡Mengo diga!	
MENGO.	Yo soy poeta donado.[81]	
PASCUALA	Mejor dirás: lastimado	
	el envés de la barriga.[82]	2060
MENGO	*Una mañana en domingo*	
	me mandó azotar aquel,	
	de manera que el rabel[83]	
	daba espantoso respingo;[84]	
	pero agora que los pringo,[85]	2065
	¡vivan los Reyes Cristiánigos	
	y mueran los tiránigos![86]	
MÚSICOS	*¡Vivan muchos años!*	
ESTEBAN	[*refiriéndose a la cabeza del muerto*]	
	Quita la cabeza allá.	
MENGO	Cara tiene el ahorcado.	2070

---

[79] *vitoriosos:* victoriosos.   [80] *de gigantes y de enanos:* personajes fabulosos; con ello se equipara a los Reyes Católicos con los héroes de los libros de caballerías que se enfrentaban con enemigos fuera de la medida humana.   [81] *donado:* lego admitido en una religión para el servicio de la casa. Mengo quiere decir que no es un buen poeta, un poeta profesional, sino un aficionado.   [82] *el envés de la barriga:* se refiere a las nalgas, a los latigazos que le dieron los hombres del Comendador.   [83] *rabel:* instrumento músico pastoril; eufemismo por nalgas.   [84] *respingo:* sacudidas.   [85] *que los pringo:* que doy (los azotes).   [86] *Cristiánigos (...) tiránigos:* formas hipercultas en *-igo* frecuentemente usadas en la poesía burlesca, y aquí como términos que usan las gentes del campo sin conocerlos en su forma debida. Recurso cómico.

(53) Obsérvese cómo vuelven a utilizarse las canciones en un momento de armonía, que de nuevo será roto inmediatamente, como en las otras ocasiones.

Saca un escudo Juan Rojo con las armas [reales].

REGIDOR	Ya las armas han llegado.	
ESTEBAN	Mostrá⁸⁷ las armas acá.	
JUAN.	¿A dónde se han de poner?	
REGIDOR	Aquí, en el Ayuntamiento. (54)	
ESTEBAN	¡Bravo escudo!	
BARRILDO	¡Qué contento!	2075
FRONDOSO	Ya comienza a amanecer	
	con este sol nuestro día.	
ESTEBAN	¡Vivan Castilla y León,	
	y las barras de Aragón,	
	y muera la tiranía!	2080
	Advertid,⁸⁸ Fuente Ovejuna,	
	a las palabras de un viejo,	
	que el admitir su consejo	
	no ha dañado vez ninguna.	
	Los Reyes han de querer	2085
	averiguar este caso,	
	y más tan cerca del paso	
	y jornada que han de hacer.⁸⁹	
	Concertaos todos a una	
	en lo que habéis de decir.	2090
FRONDOSO	¿Qué es tu consejo?	
ESTEBAN	Morir	
	diciendo: ¡Fuente Ovejuna!	
	Y a nadie saquen de aquí.	

---

⁸⁷ *Mostrá:* mostrad, imperativo; forma rústica. ⁸⁸ *Advertid:* prestad atención. ⁸⁹ Vv. 2087-2088: se refiere a que los Reyes Católicos van a llegar a Córdoba, cercana a Fuente Ovejuna.

(54) La sumisión a los Reyes Católicos, tantas veces gritada, se materializa con la colocación de sus armas en el Ayuntamiento de la villa; con ello se quiere significar que el pueblo deja de pertenecer a la Encomienda de la Orden de Calatrava.

FRONDOSO	Es el camino derecho:
	¡Fuente Ovejuna lo ha hecho! 2095
ESTEBAN	¿Queréis responder así?
TODOS	¡Sí!
ESTEBAN	Ahora, pues, yo quiero ser
	agora el pesquisidor,[90]
	para ensayarnos mejor
	en lo que habemos[91] de hacer. 2100
	Sea Mengo el que esté puesto
	en el tormento.
MENGO	¿No hallaste
	otro más flaco?
ESTEBAN	¿Pensaste
	que era de veras?
MENGO	Di presto.[92]
ESTEBAN	¿Quién mató al Comendador? 2105
MENGO	¡Fuente Ovejuna lo hizo!
ESTEBAN	Perro, ¿si te martirizo?
MENGO	Aunque me matéis, señor.
ESTEBAN	Confiesa, ladrón.
MENGO	Confieso.
ESTEBAN	Pues ¿quién fue?
MENGO	¡Fuente Ovejuna! 2110
ESTEBAN	Dalde[93] otra vuelta.
MENGO	Es ninguna.[94]
ESTEBAN	¡Cagajón[95] para el proceso!

---

[90] *pesquisidor:* el que investiga algún delito.   [91] *habemos:* hemos, usual en el Siglo de Oro.   [92] *presto:* aprisa, pronto.   [93] *Dalde:* dadle; metátesis.   [94] *Es ninguna:* es como si no me dieseis ninguna.   [95] *cagajón:* estiércol de caballos, burros, etc.

[ESCENA XI]

Sale el Regidor.

REGIDOR	¿Qué hacéis de esta suerte aquí?	
FRONDOSO	¿Qué ha sucedido, Cuadrado?	
REGIDOR	Pesquisidor ha llegado.	2115
ESTEBAN	Echá[96] todos por ahí.	
REGIDOR	Con él viene un capitán.	
ESTEBAN	¡Venga el diablo! Ya sabéis	
	lo que responder tenéis.	
REGIDOR	El pueblo prendiendo van,	2120
	sin dejar alma ninguna.	
ESTEBAN	Que no hay que tener temor.	
	¿Quién mató al Comendador,	
	Mengo?	
MENGO	¿Quién? ¡Fuente Ovejuna!	

[ESCENA XII]

[En la Casa de la Orden de Calatrava]

Vanse, y sale el Maestre y un soldado.

MAESTRE	¡Que tal caso ha sucedido!'	2125
	Infelice[97] fue su suerte.	
	Estoy por darte la muerte	
	por la nueva que has traído.	
SOLDADO	Yo, señor, soy mensajero,	
	y enorjarte no es mi intento.	2130

---

[96] *Echá:* echad; forma rústica.   [97] *Infelice:* infeliz.

MAESTRE	¡Que a tal tuvo atrevimiento
	un pueblo enojado y fiero!
	Iré con quinientos hombres,
	y la villa he de asolar;
	en ella no ha de quedar 2135
	ni aun memoria de los nombres.
SOLDADO	Señor, tu enojo reporta,
	porque ellos al Rey se han dado;
	y no tener enojado
	al Rey es lo que te importa. 2140
MAESTRE	¿Cómo al Rey se pueden dar,
	si de la Encomienda son?
SOLDADO	Con él sobre esa razón
	podrás luego pleitear.
MAESTRE	Por pleito ¿cuándo salió 2145
	lo que él le entregó en sus manos?[98]
	Son señores soberanos,
	y tal reconozco yo.
	Por saber que al Rey se han dado,
	[se] reportará mi enojo, 2150
	y ver su presencia escojo
	por lo más bien acertado;
	que puesto que tenga culpa
	en casos de gravedad,
	en todo mi poca edad 2155
	viene a ser quien me disculpa.
	Con vergüenza voy, mas es
	honor quien puede obligarme,
	y importa no descuidarme
	en tan honrado interés. 2160

Vanse.

---

[98] Vv. 2145-2146: Versos de difícil interpretación; el soldado pide al Maestre que no actúe con violencia y se avenga a tratar por la vía legal si Fuente Ovejuna es de la Orden o del Rey. Entonces el Maestre le dice que no ha habido aún pleito que cambiase la encomienda que el comendador posee, porque él (el Rey) la entregó en manos de aquél como representante de la Orden.

[ESCENA XIII]

[Campo muy cerca de Fuente Ovejuna, junto a las casas de la villa.]

Sale Laurencia sola.

LAURENCIA   Amando, recelar[99] daño en lo
                                                    [amado,
                   nueva pena de amor se considera,
                   que quien en lo que ama daño
                                                    [espera,
                   aumenta en el temor nuevo cuidado.

                   El firme pensamiento desvelado,   2165
                   si le aflige el temor, fácil se altera,
                   que no es, a firme fe, pena ligera
                   ver llevar el temor, el bien robado.

                   Mi esposo adoro; la ocasión
                                                    [que veo
                   al temor de su daño me condena,   2170
                   si no le ayuda la felice[100] suerte.

                   Al bien suyo se inclina mi deseo:
                   si está presente, está cierta mi pena;
                   si está en ausencia, está cierta mi
                                                    [muerte.[(55)]

---

[99] *recelar:* temer.   [100] *felice:* feliz.

(55) El soneto, según el *Arte Nuevo* de Lope, «está bien en los que aguardan», como ocurre aquí. También suele usarse para exponer una verdad de carácter general.

[ESCENA XIV]

Sale Frondoso.

FRONDOSO   ¡Mi Laurencia!
LAURENCIA   ¡Esposo amado!   2175
                ¿Cómo estar aquí te atreves?
FRONDOSO   ¿Esas resistencias debes
                a mi amoroso cuidado?
LAURENCIA   Mi bien, procura guardarte,
                porque tu daño recelo.   2180
FRONDOSO   No quiera, Laurencia, el cielo
                que tal llegue a disgustarte.
LAURENCIA   ¿No temes ver el rigor
                que por los demás sucede,[101]
                y el furor con que procede   2185
                aqueste pesquisidor?
                Procura guardar la vida.
                Huye tu daño, no esperes.
FRONDOSO   ¿Cómo? ¿Que procure quieres
                cosa tan mal recebida?[102]   2190
                ¿Es bien que los demás deje
                en el peligro presente,
                y de tu vista me ausente?
                No me mandes que me aleje
                porque no es puesto en razón[103]   2195
                que, por evitar mi daño,
                sea con mi sangre extraño
                en tan terrible ocasión.

---

[101] *que por los demás sucede:* que soportan los demás.   [102] *recebida:* recibida;
cambio del timbre vocálico.   [103] *puesto en razón:* razonable.

Voces dentro.

Voces parece que he oído;
y son, si yo mal no siento,   -   2200
de alguno que dan tormento.
Oye con atento oído.

Dice dentro el Juez y responden [56]
[Esteban, Niño, Pascuala y Mengo, también desde dentro]

JUEZ	Decid la verdad, buen viejo.
FRONDOSO	Un viejo, Laurencia mía,
	atormentan.
LAURENCIA	¡Qué porfía! [104] 2205
ESTEBAN	Déjenme un poco.
JUEZ	Ya os dejo.
	Decid, ¿quién mató a Fernando? [105]
ESTEBAN	Fuente Ovejuna lo hizo.
LAURENCIA	Tu nombre, padre, eternizo. [106]
FRONDOSO	¡Bravo caso!
JUEZ	¡Ese muchacho! 2210
	Aprieta, [107] perro, yo sé
	que lo sabes. ¡Di quién fue!
	¿Callas? Aprieta, borracho.
NIÑO	Fuente Ovejuna, señor.

---

[104] *porfía:* insistencia.   [105] *Fernando:* Fernán Gómez de Guzmán, el Comendador.   [106] Falta un verso para completar la redondilla.   [107] *Aprieta:* ordena que aprieten las clavijas del potro, con lo que la tortura es mayor.

(56) Obsérvese cómo vuelve a haber un doble plano en la escena, evitando la representación de escenas violentas: «dentro» está el pesquisidor torturando a las víctimas y fuera, en el escenario, se encuentran Laurencia y Frondoso que comentan lo que oyen y citan el nombre de las víctimas, con lo que orientan al espectador acerca de quién es el torturado.

JUEZ	¡Por vida del Rey, villanos,	2215
	que os ahorque con mis manos!	
	¿Quién mató al Comendador?	
FRONDOSO	¡Que a un niño le den tormento,	
	y niegue de aquesta suerte!	
LAURENCIA	¡Bravo pueblo!	
FRONDOSO	Bravo y fuerte.	2220
JUEZ	¡Esa mujer! Al momento	
	en ese potro[108] tened.[109]	
	Dale esa mancuerda[110] luego.	
LAURENCIA	Ya está de cólera ciego.	
JUEZ	Que os he de matar, creed,	2225
	en ese potro, villanos.	
	¿Quién mató al Comendador?	
PASCUALA	Fuente Ovejuna, señor.	
JUEZ	¡Dale!	
FRONDOSO	Pensamientos vanos.	
LAURENCIA	Pascuala niega, Frondoso.	2230
FRONDOSO	Niegan niños; ¿qué te espantas?	
JUEZ	Parece que los encantas.	
	¡Aprieta!	
[PASCUALA]	¡Ay, cielo piadoso!	
JUEZ	¡Aprieta, infame! ¿Estás sordo?	
[PASCUALA]	Fuente Ovejuna lo hizo.	2235
JUEZ	Traedme aquel más rollizo...	
	¡ese desnudo, ese gordo!	
LAURENCIA	¡Pobre Mengo! Él es sin duda.	
FRONDOSO	Temo que ha de confesar.	
MENGO	¡Ay, ay!	
JUEZ	Comienza a a apretar.	2240
MENGO	¡Ay!	
JUEZ	¿Es menester ayuda?	

---

[108] *potro:* aparato de madera usado para torturar. [109] *tened:* tened en el potro, atadle a él para darle tormento. [110] *mancuerda:* tormento que consiste en apretar las ligaduras vuelta tras vuelta.

MENGO	¡Ay, ay!
JUEZ	¿Quién mató, villano, al señor Comendador?
MENGO	¡Ay, yo lo diré, señor!
JUEZ	Afloja un poco la mano.

2245

FRONDOSO	Él confiesa.
JUEZ	Al palo aplica la espalda.[111]
MENGO	Quedo,[112] que yo lo diré.
JUEZ	¿Quién le mató?
MENGO	Señor, Fuente Ovejunica.
JUEZ	¿Hay tan gran bellaquería?

2250

> Del dolor se están burlando;
> en quien estaba esperando,
> niega con mayor porfía.
>   Dejaldos,[113] que estoy cansado.

FRONDOSO	¡Oh, Mengo, bien te haga Dios!

2255

> Temor que tuve de dos,
> el tuyo me le ha quitado.[114]

[ESCENA XV]

Salen con Mengo, Barrildo y el Regidor.

BARRILDO	¡Vítor,[115] Mengo!
REGIDOR	Y con razón.
BARRILDO	¡Mengo, vítor!
FRONDOSO	Eso digo.

---

[111] *Al palo aplica / la espalda:* pudiera ser «el palo aplica a la espalda», en el sentido de darle de palos, o que retorciese más el palo de la espalda.   [112] *Quedo:* tranquilo, quieto.   [113] *Dejaldos:* dejadlos; metátesis.   [114] Vv. 2256-2257: el miedo que tenía (de dos, pues acumula el temor por Laurencia y por sí mismo) se me ha quitado ante tu actitud, pese al miedo que tenías.   [115] *Vítor:* interjección de alegría con que se aplaude a alguien o alguna acción.

MENGO	¡Ay, ay!	
BARRILDO	Toma, bebe, amigo.	2260
	Come.	
MENGO	¡Ay, ay! ¿Qué es?	
BARRILDO	Diacitrón.[116]	
MENGO	¡Ay, ay!	
FRONDOSO	Echa de beber.	
BARRILDO	[...][117] Ya va.	
FRONDOSO	Bien lo cuela. Bueno está.	
LAURENCIA	Dale otra vez a comer.	
MENGO	¡Ay, ay!	
BARRILDO	Esta va por mí.	2265
LAURENCIA	Solenemente[118] lo embebe.	
FRONDOSO	El que bien niega, bien bebe.[119]	
REGIDOR	¿Quieres otra?	
MENGO	¡Ay, ay! Sí, sí.	
FRONDOSO	Bebe, que bien lo mereces.	
LAURENCIA	A vez por vuelta las cuela.	2270
FRONDOSO	Arrópale, que se hiela.	
BARRILDO	¿Quieres más?	
MENGO	Sí, otras tres veces.	
	¡Ay, ay!	
FRONDOSO	Si hay[120] vino pregunta.	
BARRILDO	Sí hay. Bebe a tu placer,	
	que quien niega, ha de beber.	2275
	¿Qué tiene?[121]	
MENGO	Una cierta punta.[122]	
	Vamos, que me arromadizo.[123]	

---

[116] *Diacitrón:* confitura hecha de cidra (fruta semejante al limón). [117] Faltan cinco sílabas en el verso. [118] *Solenemente:* solemnemente, simplificación del grupo consonántico. [119] *El que bien niega, bien bebe:* refrán inventado, construido sobre el modelo «El que..., ...», muy frecuente. [120] *hay:* juego de palabras que Frondoso hace con el *¡Ay!* de Mengo. [121] *¿Qué tiene?:* se refiere al vino. Barrildo lo pregunta al ver las muecas que hace Mengo. [122] *punta:* sabor que va tirando a agrio, como el del vino que empieza a avinagrarse. [123] *me arromadizo:* me resfrío, me acatarro.

FRONDOSO	Que lea,[124] que este es mejor.
	¿Quién mató al Comendador?
MENGO	Fuente Ovejunica lo hizo. 2280

Vanse [todos, menos Frondoso y Laurencia]

[ESCENA XVI]

FRONDOSO	Justo es que honores le den.
	Pero decidme, mi amor,
	¿quién mató al Comendador?
LAURENCIA	Fuente Ovejuna, mi bien.
FRONDOSO	¿Quién le mató?
LAURENCIA	¡Dasme[125] espanto! 2285
	Pues Fuente Ovejuna fue.
FRONDOSO	Y yo, ¿con qué te maté?
LAURENCIA	¿Con qué? Con quererte tanto. [(57)]

[ESCENA XVII]

[Sala de un alojamiento de la Reina en uno de sus viajes]

Vanse, y salen el rey y la reina y después Manrique.

| ISABEL | No entendí,[126] señor, hallaros |
| | aquí, y es buena mi suerte.   2290 |

---

[124] *que lea:* así se dice en los distintos textos; puede pensarse que sea una broma de Frondoso, que le pasa la botella por delante; o que se trate de un error y sea *que vea* o *que beba,* según interpretan algunos críticos.   [125] *Dasme:* me das; postposición del pronombre.   [126] *entendí:* creí, pensé.

(57) Obsérvese cómo estas dos escenas anteriores, una humorística y otra amorosa, introducen un anticlímax, o momento de relajamiento dentro de la obra, después de la gran tensión de las torturas y antes de que los Reyes Católicos tomen una resolución acerca de Fuente Ovejuna.

REY   En nueva gloria convierte
                        mi vista el bien de miraros.
                          Iba a Portugal de paso,
                        y llegar aquí fue fuerza.

ISABEL   Vuestra Majestad le tuerza, [127]   2295
                        siendo conveniente el caso.

REY   ¿Cómo dejáis a Castilla?

ISABEL   En paz queda, quieta y llana. [128]

REY   Siendo vos la que la allana, [129]
                        no lo tengo a maravilla.   2300

Sale don Manrique.

MANRIQUE   Para ver vuestra presencia
                        el Maestre de Calatrava,
                        que aquí de llegar acaba,
                        pide que le deis licencia.   2305

ISABEL   Verle tenía deseado.

MANRIQUE   Mi fe, señora, os empeño, [130]
                        que, aunque es en edad pequeño,
                        es valeroso soldado.

[ESCENA XVIII]

Sale el Maestre [y se retira don Manrique]

MAESTRE   Rodrigo Téllez Girón,   2310
                        que de loaros [131] no acaba,
                        Maestre de Calatrava,
                        os pide humilde perdón.
                        Confieso que fui engañado,
                        y que excedí de lo justo   2315

---

[127] *le tuerza:* se refiere al camino.   [128] *quieta y llana:* tranquila y sin perturbación política.   [129] *allana:* pacifica (significado metafórico), quita asperezas y desigualdades.   [130] *Mi fe, señora, os empeño:* os prometo.   [131] *loaros:* alabaros.

en cosas de vuestro gusto,[132]
como mal aconsejado.

El consejo de Fernando,
y el interés, me engañó,
injusto fiel; [133] y ansí[134] yo   2320
perdón humilde os demando. [135]

Y si recebir[136] merezco
esta merced que suplico,
desde aquí me certifico[137]
en que a serviros me ofrezco.   2325

Y que en aquesta jornada
de Granada,[138] adonde vais,
os prometo que veáis
el valor que hay en mi espada;

donde, sacándola apenas,   2330
dándoles[139] fieras congojas,[140]
plantaré mis cruces rojas
sobre sus altas almenas.

Y más, quinientos soldados
en serviros emplearé,   2335
junto con la firma y fe
de en mi vida disgustaros.

REY   Alzad, Maestre, del suelo,
que siempre que hayáis venido,
seréis muy bien recebido. [141]   2340

MAESTRE   Sois de afligidos consuelo.

ISABEL   Vos, con valor peregrino,[142]
sabéis bien decir y hacer.

---

[132] *de vuestro gusto:* que pensé que os gustarían; obsérvese la rima tópica *justo-gusto*, que opone la justicia con la complacencia o satisfacción personal.   [133] *injusto fiel:* contraposición que pretende explicar el caso: el interés le hizo cometer injusticia pensando que era fiel a sus designios.   [134] *ansí:* así.   [135] *demando:* pido.   [136] *recebir:* recibir.   [137] *me certifico:* proclamo como verdad, declaro formalmente.   [138] *jornada / de Granada:* se refiere a la marcha hacia Granada (aunque realmente no se efectuó hasta más tarde).   [139] *dándoles:* se refiere a los moros.   [140] *congojas:* padecimientos, angustias.   [141] *recebido:* recibido.   [142] *peregrino:* fuera de lo común, extraño.

MAESTRE   Vos sois una bella Ester,[143]
                 y vos, un Jerjes[144] divino. [58]   2345

                 [ESCENA XIX]

                 Sale Manrique

MANRIQUE   Señor, el pesquisidor
                 que a Fuente Ovejuna ha ido,
                 con el despacho[145] ha venido
                 a verse ante tu valor.
REY   Sed juez de estos agresores.   2350
MAESTRE   Si a vos, señor, no mirara,
                 sin duda les enseñara
                 a matar comendadores.
REY   Eso ya no os toca a vos.
ISABEL   Yo confieso que he de ver   2355
                 el cargo en vuestro poder,
                 si me lo concede Dios.

---

[143] *Ester:* bella judía que llegó a ser reina de los persas al casarse con Jerjes y que consiguió suavizar la situación de su pueblo.   [144] *Jerjes:* véase la nota anterior.   [145] *despacho:* encargo cumplido.

(58) En esta escena se da la solución al conflicto suscitado en la segunda acción, el levantamiento contra los Reyes Católicos. Nótese cómo una vez más se hace referencia anteriormente a la juventud del Maestre (v. 2308). Este confiesa su equivocación, reconoce haber sido engañado por el Comendador y pide humildemente perdón poniéndose al servicio de los Reyes Católicos. Ellos muestran su magnanimidad y la Monarquía queda triunfadora. El arrepentimiento del Maestre fue un hecho histórico que aparece en la *Chrónica* en la que se basa Lope, pero éste distorsiona, en aras de lo teatral, lo histórico: realmente esto no ocurrió hasta pasados unos años.

[ESCENA XX]

Sale el juez.

JUEZ.   A Fuente Ovejuna fui
                   de la suerte[146] que has mandado,
                   y con especial cuidado   2360
                   y diligencia asistí.
                   Haciendo averiguación
                   del cometido delito,
                   una hoja no se ha escrito
                   que sea en comprobación;   2365
                   porque, conformes a una,
                   con un valeroso pecho,
                   en pidiendo quién lo ha hecho,
                   responden: «Fuente Ovejuna».
                   Trecientos he atormentado   2370
                   con no pequeño rigor,
                   y te prometo, señor,
                   que más que esto no he sacado.
                   Hasta niños de diez años
                   al potro arrimé, y no ha sido   2375
                   posible haberlo inquirido[147]
                   ni por halagos ni engaños.
                   Y pues tan mal se acomoda
                   el poderlo averiguar,
                   o los has de perdonar   2380
                   o matar la villa toda.
                   Todos vienen ante ti
                   para más certificarte;[148]
                   de ellos podrás informarte.

REY   Que entren, pues vienen, les di.[149]   2385

---

[146] *suerte:* forma.   [147] *haberlo inquirido:* haberlo hecho objeto de inquisición
o investigación.   [148] *certificarte:* darte cuenta de que es cierto.   [149] *les di:* diles; anteposición del pronombre.

[ESCENA XXI]

Salen los dos alcaldes, Frondoso, las mujeres y los villanos que quisieren.

LAURENCIA	¿Aquestos [150] los Reyes son?
FRONDOSO	Y en Castilla poderosos.
LAURENCIA	Por mi fe, que son hermosos:
	¡bendígalos San Antón!
ISABEL	¿Los agresores son estos?

2390

ALCALDE
ESTEBAN

Fuente Ovejuna, señora,
que humildes llegan agora
para serviros dispuestos.

    La sobrada tiranía
y el insufrible rigor   2395
del muerto Comendador,
que mil insultos hacía,
    fue el autor de tanto daño.
Las haciendas nos robaba
y las doncellas forzaba,   2400
siendo de piedad extraño. [151]

FRONDOSO

    Tanto, que aquesta zagala
que el cielo me ha concedido,
en que tan dichoso he sido
que nadie en dicha me iguala,   2405
    cuando conmigo casó,
aquella noche primera,
mejor que si suya fuera,
a su casa la llevó.

    Y a no saberse guardar   2410
ella, que en virtud florece,
ya manifiesto parece
lo que pudiera pasar.

---

[150] *Aquestos:* estos.   [151] *siendo de piedad extraño:* no teniendo piedad.

MENGO   ¿No es ya tiempo que hable yo?
                   Si me dais licencia, entiendo   2415
                   que os admiraréis, sabiendo
                   del modo que me trató.
                        Porque quise defender
                   una moza, de su gente
                   que, con término insolente,   2420
                   fuerza la querían hacer,
                        aquel perverso Nerón[152]
                   de manera me ha tratado,
                   que el reverso[153] me ha dejado
                   como rueda de salmón.[154]   2425
                        Tocaron mis atabales[155]
                   tres hombres con tal porfía,
                   que aun pienso que todavía
                   me duran los cardenales.
                        Gasté en este mal prolijo,[156]   2430
                   porque el cuero[157] se me curta,
                   polvos de arrayán y murta,[158]
                   más que vale mi cortijo.[159]
ALCALDE   Señor, tuyos ser queremos.
ESTEBAN   Rey nuestro eres natural,   2435
                   y con título de tal
                   ya tus armas puesto habemos.[160]
                        Esperamos tu clemencia,
                   y que veas, esperamos,
                   que en este caso te damos   2440
                   por abono[161] la inocencia.
REY   Pues no puede averiguarse
                   el suceso por escrito,

---

[152] *Nerón:* referencia al cruel. [153] *reverso:* trasero, eufemismo. [154] *como rue-
da de salmón:* color salmón, véase nota 193 del acto II. [155] *atabales:* eufemismo
por nalgas, véase nota 194 del acto II. [156] *prolijo:* largo, excesivamente exten-
so. [157] *cuero:* piel. [158] *arrayán y murta:* plantas medicinales. [159] *cortijo:* alque-
ría, casa de labradores humildes. [160] *habemos:* hemos, usual en el Siglo de
Oro. [161] *abono:* fianza, garantía.

aunque fue grave el delito,
por fuerza ha de perdonarse. [59]   2445
    Y la villa es bien se quede
en mí, pues de mí se vale,
hasta ver si acaso sale
comendador que la herede.

FRONDOSO   Su Majestad habla, en fin,   2450
como quien tanto ha acertado.
Y aquí, discreto senado, [162]
Fuente Ovejuna da fin. [60]

FINIS [163]

---

[162] *senado:* auditorio respetable, público que oye la comedia.   [163] *Finis:* fin en
latín, indicando el término de la impresión de la obra.

~~~~~~

(59) El Rey (vv. 2442-2445), al igual que antes el juez encargado del
caso (vv. 2378-2381), condena totalmente los hechos ocurridos en Fuente
Ovejuna; el perdón viene dado por la falta de pruebas acerca de quiénes
son los culpables.

(60) Las obras teatrales solían terminar con esta apelación directa al
público y citando el título de la obra.

Documentos y juicios críticos

La *Crónica de las tres Órdenes y Caballerías de Santiago, Calatrava y Alcántara* de Frey Francisco de Rades y Andrada

Lope de Vega tuvo en cuenta al escribir Fuente Ovejuna *una Crónica de las Órdenes militares, escrita por el Licenciado frey Francisco de Rades y Andrada, e impresa en Toledo en 1572. Se trataba de un libro muy del gusto de los hidalgos de la época, donde había abundante información genealógica y noticias históricas sobre las órdenes más sonadas de su tiempo: Santiago, Calatrava y Alcántara. De esta Crónica toma las noticias sobre los sucesos de Ciudad Real (fol. 79) y también el hecho insólito de Fuente Ovejuna, sobre el que Lope puso el centro de la comedia. Este trozo es el que se reproduce a continuación, modificando la grafía del original para adaptarla a la ortografía académica.*

EL HECHO DE FUENTEOVEJUNA

Estando las cosas de esta Orden en el estado ya dicho, don Fernán Gómez de Guzmán, Comendador mayor de Calatrava, que residía en Fuenteovejuna, villa de su encomienda, hizo tantos y tan grandes agravios a los vecinos de aquel pueblo que, no pudiendo ya sufrirlos ni disimularlos, determinaron todos, de un consentimiento y voluntad, alzarse contra él y matarle.

Con esta determinación y furor de pueblo airado, con voz de ¡Fuenteovejuna!, se juntaron una noche del mes de abril del año de mil y cuatrocientos y setenta y seis los alcaldes, regidores, justicia y regimiento con los otros vecinos, y con mano armada entraron por fuerza en las ca-

sas de la Encomienda mayor, donde el dicho Comendador estaba. Todos apellidaban:[1]

—¡Fuenteovejuna, Fuenteovejuna!

Y decían:

—¡Vivan los Reyes don Fernando y doña Isabel y mueran los traidores y malos cristianos!

El Comendador mayor y los suyos, cuando vieron esto y oyeron el apellido que llevaban, pusiéronse en una pieza, la más fuerte de la casa,
con sus armas, y allí se defendieron dos horas sin que les pudiesen entrar.

En este tiempo el Comendador mayor a grandes voces pidió muchas
veces a los del pueblo le dijesen qué razón o causa tenían para hacer
aquel escandaloso movimiento, para que él diese su descargo y desagra-
viase a los que decían estar agraviados de él. Nunca quisieron admitir
sus razones, antes con grande ímpetu, apellidando ¡Fuenteovejuna!,
combatieron la pieza y, entrados en ella, mataron catorce hombres que
con el Comendador estaban porque procuraban defender a su señor. De
esta manera, con un furor maldito y rabioso, llegaron al Comendador
y pusieron las manos en él y le dieron tantas heridas que le hicieron
caer en tierra sin sentido. Antes que diese el ánima a Dios, tomaron su cuerpo con grande y regocijado alarido diciendo ¡Vivan los Reyes y mueran
los traidores! y le echaron por una ventana a la calle. Y otros que allí
estaban con lanzas y espadas, pusieron las puntas arriba para recoger en
ellas al cuerpo que aún tenía ánima. Después de caído en tierra, le arran-
caron las barbas y cabellos con grande crueldad, y otros con los pomos
de las espadas le quebraron los dientes. A todo esto se añadieron palabras feas y deshonestas y grandes injurias contra el Comendador mayor
y contra su padre y madre.

Estando en esto, antes que acabase de expirar acudieron las mujeres
de la villa con panderos y sonajes[2] a regocijar la muerte de su señor; y
habían hecho para esto una bandera y nombrado Capitana y Alférez.
También los muchachos, a imitación de sus madres, hicieron su Capi-
tanía y, puestos en la orden que su edad permitía, fueron a solemnizar
la dicha muerte. Tanta era la enemistad que todos tenían contra el Comendador Mayor.

Estando juntos hombres, mujeres y niños, llevaron el cuerpo con grande regocijo a la plaza y allí todos, hombres y mujeres, le hicieron peda-

---

[1] *apellidar*: dar voces o gritos conjuntamente un grupo de personas.

[2] *sonajes*: como *sonajas*, pandereta que Covarrubias define así: «Un cerco de madera que a trechos tiene unas rodajas de metal que se hieren unas con otras y hacen gran ruido» (*Tesoro de la lengua*, s.v. *sonajas*).

zos arrastrándole y haciendo en él grandes crueldades y escarnios, y no quisieron darle a sus criados para enterrarle. Demás de esto, dieron sacomano a su casa y le robaron toda su hacienda.

Fue de la Corte un juez pesquisidor a Fuenteovejuna con comisión de los Reyes Católicos para averiguar la verdad de este hecho y castigar a los culpados; y aunque dio tormento a muchos de los que se habían hallado en la muerte del Comendador mayor, nunca ninguno quiso confesar cuáles fueron los capitanes o primeros movedores de aquel delito ni dijeron los nombres de los que en él se habían hallado. Preguntábales el Juez:

—¿Quién mató al Comendador mayor?

Respondían ellos:

—Fuenteovejuna.

Preguntábales:

—¿Quién es Fuenteovejuna?

Respondían:

—Todos los vecinos de esta villa.

Finalmente todas sus respuestas fueron a este tono porque estaban conjurados que, aunque los matasen a tormentos, no habían de responder otra cosa. Y lo que más es de admirar, que el juez hizo dar tormento a muchas mujeres y mancebos de poca edad, y tuvieron la misma constancia y ánimo que los varones muy fuertes.

Con esto se volvió el pesquisidor a dar parte a los Reyes Católicos para ver qué mandaban hacer. Y sus Altezas, siendo informados de las tiranías del Comendador mayor por las cuales había merecido la muerte, mandaron se quedase el negocio sin más averiguación.

Había hecho aquel caballero mal tratamiento a sus vasallos, teniendo en la villa muchos soldados para sustentar en ella la voz del Rey de Portugal que pretendía ser Rey de Castilla; y consentía que aquella descomedida gente hiciese grandes agravios y afrentas a los de Fuenteovejuna sobre comérseles sus haciendas. Ultra de esto, el mismo Comendador mayor había hecho grandes agravios y deshonras a los de la villa, tomándoles por fuerza sus hijas y mujeres, y robándoles sus haciendas para sustentar aquellos soldados que tenía con título y color que el Maestre don Rodrigo Téllez Girón, su señor, lo mandaba porque entonces seguía aquel partido del Rey de Portugal. Dejó el Comendador mayor muchos hijos [...].

Los de Fuenteovejuna, después de haber muerto al Comendador mayor, quitaron las varas y cargos de justicia a los que estaban puestos por esta Orden [de Calatrava], cuya era la jurisdicción y diéronlas a quien quisieron. Luego acudieron a la ciudad de Córdoba y se encomendaron a ella diciendo querían ser sujetos a su jurisdicción, como habían sido antes que la villa viniese a poder de don Pedro Girón. Los de Córdoba recibieron a Fuenteovejuna por aldea de su ciudad, y de hecho despojaron a la Orden del señorío de ella y pusieron justicia de su mano. La Orden se quejó de este despojo y fuerza ante los Reyes Católicos y después ante el Romano Pontífice [...].

Volviendo a las cosas del Maestre don Rodrigo Téllez Girón, es de saber que en su tiempo, aunque él anduvo en el partido del rey don Alonso de Portugal muchos años, no por eso se ha de entender que todos los caballeros de su Orden siguieron este partido [...]. Así que, pasados algunos años, como ya el Maestre había crecido en edad y entendimiento, conoció haberlo errado en tomar voz contra los Reyes Católicos y puso intercesores para que, volviendo a su servicio, le perdonasen lo pasado. Los Reyes, viendo que había errado por ser de tierna edad [...], perdonáronle con liberalidad y aun holgaron de que él se convidase a servirles por ser tan poderoso. Con esto volvió a su servicio y de allí adelante siempre les fue muy leal vasallo, y les hizo todo servicio en lo que le mandaron, así en la paz como en la guerra, y así fue muy privado suyo.

> Frey Francisco de Rades y Andrada: *Chrónica de las tres Ordenes y Cauallerías de Sanctiago, Calatraua y Alcántara...*, Toledo, Juan de Ayala, 1572, folios 79v.-80v.

Mención del suceso de Fuente Ovejuna en el *Tesoro de la lengua* de Sebastián de Covarrubias

Otra mención de la rebelión de Fuente Ovejuna se encuentra en uno de los libros más curiosos y universales de la época: el Tesoro de la lengua castellana o española, *de Sebastián de Covarrubias Orozco (1539-1613), impreso en Madrid, 1611. Esta es una fecha aproximada a la composición de* Fuente Ovejuna *de Lope. No parece que haya relación entre ambas obras. El* Tesoro *es un diccionario de las palabras más usadas en la época, tanto de nombres propios como comunes, y representa un vocabulario muy importante pues corresponde al lenguaje medio de un hombre culto de la España de los Siglos de Oro. Al mismo tiempo que establece la definición y etimología (a su entender) de la palabra, suele acompañar el párrafo de una mención de sucesos que cabe relacionar con la palabra. Así ocurre que, cuando trata de la voz* fuente, *trae lo siguiente referido a Fuente Ovejuna, que viene a ser lo que el público entendido de los corrales de comedias pudiera conocer sobre los*

*sucesos de la villa. Lo más importante es que señala que ya existe la fra-
se hecha, en camino de refrán, de «Fuente Ovejuna lo hizo». El texto
está pasado al español actual.*

Fuente Ovejuna, dicha antiguamente Mellaria. Y para que conste el
origen que tuvo un proverbio trillado: «Fuente Ovejuna lo hizo», es de
saber que en el año de mil y cuatrocientos y setenta y seis, en el cual se
dio la batalla de Toro, como toda Castilla estuviese revuelta con par-
cialidades, los de Fuente Ovejuna, una noche del mes de abril, se ape-
llidaron para dar la muerte a Hernán Pérez de Guzmán, Comendador
Mayor de Calatrava, por los muchos agravios que pretendían haberles
hecho. Y entrando en su misma casa le mataron a pedradas y, aunque
sobre el caso fueron enviados jueces pesquisidores que atormentaron a
muchos de ellos, así hombres como mujeres, no les pudieron sacar otra
palabra más de esta: «Fuente Ovejuna lo hizo»; de do[nde] quedó el proverbio, cuando el delito es notorio y en particular no hallan quien lo haya
hecho, siendo muchos los delincuentes, decir: «Fuente Ovejuna lo hizo».

Sebastián de Covarrubias: *Tesoro de la lengua castellana o española*, ed. de M. de Riquer, Barcelona, 1943, s.v. *fuente*, p. 612.

La muerte del Comendador en la comedia *Fuente Ovejuna* de Cristóbal
de Monroy

El mismo asunto de Fuente Ovejuna *fue objeto de otra comedia que
escribió, como se ha dicho, el ingenio sevillano Cristóbal de Monroy y
Silva (1612-1649). Esta obra ha sido publicada por Francisco López Estrada en el mismo volumen que la* Fuente Ovejuna *de Lope de Vega y
que ha servido como base para nuestra edición (Madrid, Castalia, 1979³,
pp. 181-359) con un estudio de la misma. Publicamos aquí la escena
VII del acto tercero con la muerte del Comendador, seguida de un fragmento de la escena VIII del acto tercero en el que el personaje femenino
más importante de esta comedia, Flor, que asistió disfrazada de caballero a la muerte del Comendador, cuenta a don Juan, el galán de la obra,
lo que presenció. El relato responde al criterio del arte barroco. El lector puede comparar la versión de Lope, que en el curso rectilíneo de la
acción cuenta los luctuosos sucesos de la rebelión estableciendo la mag-
nitud de la tragedia en la misma escena, y la otra versión de Monroy en*

donde los mismos sucesos se cuentan primero en escena de una manera
rápida y luego se recrean en un largo romance narrativo en el que los
recursos del arte barroco se prodigan.

[ESCENA VII]

Salen por el lado que está el Comendador, Enrique, Sancho y
Jurón, y por el otro Flor [con traje de caballero, fingiendo ser
don Juan], Margarita, el Regidor y el Alcalde con las armas des-
nudas, alabardas y palos.

FLOR   Amigos, yo soy don Juan,
                       ánimo.
TODOS   ¡Muera!
COMENDADOR   ¡Alevosos,
                       sabéis que soy don Fernando!
                       Escuchadme atentos todos.   2975
TODOS   ¡Muera!

Vanse del bando del Comendador al de los villanos, Sancho y
Enrique.

COMENDADOR   Enrique, Sancho, amigos,
                       ¿conocéisme?[1]
DON ENRIQUE   Sí conozco,
                       mas este es justo castigo.
JURÓN   Yo me vengo a quedar solo,
                       señor, mas viva quien vence.[2]   2980

Pásase con los demás.

COMENDADOR   No importa, que de humor rojo
                       he de vestir este suelo.

---

[1] *Conocimiento:* significaba también «amistad, familiaridad», «Desconocido, el
ingrato que ha perdido el conocimiento y la memoria del bien recibido»
(Covarrubias).

[2] Es frase proverbial que recoge Correas: «Andar a *viva quien vence.*»

TODOS   ¡Vivan los reyes heroicos
                        y mueran los desleales!

*Vanse dando de cuchilladas, y dase dentro la batalla tocando al
arma, y sale después el Comendador lleno de polvo y de sangre
                        agonizando.*

COMENDADOR   ¡Válgame Dios, ya me ahogo   2985
                        con la sangre, ya me falta
                        el aliento! ¡Qué penoso trance!
                        Ay cielos, ¿quién pudiera matarlos?
                        Mas ¿cómo podré si la vida es
                        ya de las Parcas despojo?   2990
                        Jesús, Jesús...

                        Cae muerto.

                        Salen todos.

FLOR   [*Disfrazada, y a quien toman por Don
                        Juan*].
                                        Aquí está.
MARGARITA   Traidor, a mis pies te postro
                        para acabar de matarte.
DON ENRIQUE   Llegad y matadlo todos.
TODOS   ¡Muera, muera!   2995
FLOR   Ya está muerto.
TODOS   ¡Muera, muera!
MARGARITA   No reposo
                        mi cólera; sus cabellos
                        he de arrancar.
REGIDOR   Yo me arrojo
                        a darle, aunque muerto esté,
                        mil puñaladas.   3000
FLOR   Lloroso
                        espectáculo.

ALCALDE   Señores,
               desde aquel castillo tosco
               lo he de arrojar hasta el suelo,
               porque le divida en trozos.

FLOR   Amigos, esto está hecho.   3005
               Lo que falta es que si todo
               el firmamento se mueve
               airado contra nosotros,
               no se ha de saber quién fue
               inventor de este destrozo.   3010
               ¡Fuente Ovejuna lo mata!

REGIDOR.   Con tu gusto, don Juan, somos
               contentos.

FLOR   ¿Quién dio la muerte
               al Comendador penoso?

TODOS   ¡Fuente Ovejuna!   3015

[FLOR]   Pues, ¿quién
               es Fuente Ovejuna?

TODOS   ¡Todos!

*Vanse y llévanlo arrastrando de una pierna con voces y alaridos,
y sale don Juan [a quien ha suplantado su enamorada doña
Flor].*

[ESCENA VIII]

[Calle de Fuente Ovejuna]

DON JUAN   El amistad que he tenido
               desde niño a mi señor,
               pudo templar mi rigor,
               pudo dar muerte a mi olvido.   3020
                 Parte del alma le di,
               cuando su amigo le amé,
               y aunque el amor eclipsé,
               la amistad no la perdí.

Y ahora determinado   3025
vuelvo a este ingrato lugar
por poder en él cobrar
la parte que le he entregado.

Sale Flor por otra parte embozada [en el traje de caballero que
llevaba en la escena anterior].

FLOR   Muerto queda mi enemigo.
              Quiero a la quinta volverme,   3030
              pues pude satisfacerme
              sin arbitrio ni testigo.

DON JUAN   ¿Quién va allá?

FLOR   Gente de paz
              o de guerra.

DON JUAN   ¡Gran valor!
              ¿Quién eres?   3035

FLOR.   Marte y amor,
              mira si me vencerás.

DON JUAN.   Extremada impertinencia.
              ¿Eres poeta?

FLOR   No soy
              sino el diablo, y estoy
              mohíno de una pendencia,   3040
                  las armas alborotadas,
              y así para despicarme
              quisiera contigo darme
              cuatrocientas cuchilladas.

Riñen.

DON JUAN   Saca el acero.   3045

FLOR   No es
              sino rayo de Vulcano,
              que despide de mi mano
              el enojo y la altivez.

	Don Juan de Mendoza soy,	
	huye, cobarde.	3050
DON JUAN	No puedo.	

Flor es. A tus pies me quedo,
pues tan venturoso soy.

Quítame la vida aquí
de tu cólera ofendida,
que no es mucho dé la vida   3055
a quien el alma le di.

FLOR.   ¡Don Juan!
DON JUAN   ¡Mi bien!
FLOR   ¡Qué portento!
DON JUAN   ¿Quién te ha disfrazado?
FLOR   Amor.

¡Ya murió el Comendador!

DON JUAN   ¿Qué dices?   3060
FLOR   Escucha atento.

Apenas con la ocasión
que me dieron sus injurias,
me determiné, intentando
la venganza de las tuyas,
y castigar sus ofensas   3065
tan osadas como injustas,
cuando mis atrevimientos
el galante traje mudan
en el que miras. Llegué,
don Juan, a Fuente Ovejuna   3070
sin riesgo, porque la noche
la pompa del cielo oculta
en desmayados tellices,[3]
sino aparatosas tumbas,
pardas brújulas, que cubren   3075
oscuros palios que frustran;
y a la luz de las estrellas

---

[3] *telliz:* «la cubierta que ponen sobre silla del caballo del rey o gran señor, cuando se apea» (Covarrubias).

y al candor de la luna,
vine cubierta a palacio
pretendiendo la desnuda   3080
daga vestir en su pecho;
y dio logro a mis venturas
o la venganza o la rabia
o el valor o la fortuna,
porque batallando osadas   3085
todas, en mi intento, juntas
de cólera el pecho visten,
de furor el alma inundan;
atravesando una sala
pisé un papel y confusa   3090
vide, juntando sus piezas,
que tu brazo se promulga
al castigo de un tirano;
de él me informo que conjura
al lugar para matarle   3095
aquella noche la turba;
y recelando el peligro
que, aunque en el valor no hay
                               [dudas,
porque no teme cobarde,
algunas veces son justas,   3100
rondé el lugar, festejosa,
hasta hallar la conyuntura,
cuando el clamor oigo atenta
de la vengativa furia
diciendo «¡Mueran traidores   3105
y vivan edades muchas
los reyes, el gran Fernando
y Isabel! ¡Fuente Ovejuna!»,
apellidando furiosos
en su clamorosa fuga.   3110
Mi enemigo don Fernando
de Guzmán, viendo la injuria,
a su casa se retira,

y su gente armada junta;
dos horas se defendió.   3115
Quiere hablarles; no le escuchan.
Pide treguas; se las niegan,
y al fin la plebe confusa,
animosa en la venganza,
toda en escuadrones junta,   3120
mató catorce soldados;
ya se embisten, ya se cruzan,
ya acometen, ya resisten,
ya se tiran, ya se ofenden,
ya se agravian, ya se injurian,   3125
ya se hieren, ya se matan,
ya hacen rostro,[4] ya se ofuscan;
yo entonces determinada,
la capa embrazo, y desnuda
la espada, al Comendador   3130
llego y abato la suya,
animada de las voces:
«¡Al arma, Fuente Ovejuna!
¡Mueran traidores y vivan
los Reyes!».

                  Embiste con don Juan.

DON JUAN   Detén la furia.   3135
FLOR   ¡Jesús! La fuerza, la fuerza
de la imaginación frustra
las acciones. Dile al fin
de cuchilladas. No hay duda
sino que de esto fue causa   3140
que, como de amor promulgan,
cuando uno ama a la persona
amada el alma se muda,
pues así estando en mi pecho,

---

[4] *Hacer rostro:* 'o ponerse cara a cara contra otro' (Covarrubias).

dulce prenda, el alma tuya, 3145
no fue mucho atrevimiento,
valentía no fue mucha,
la ostentación del valor
que el vencimiento asegura.
Todos se hieren después, 3150
ya con dardos, ya con puntas
de acero, ya con espadas
y ya con lanzas agudas.
Por una ventana aún vivo
le arrojan, adonde juntas 3155
tantas armas le aguardaban,
tantas cuchillas desnudas,
que, faltando en qué herir,
la mayor parte se excusa.
Allí, don Juan, fue la rabia, 3160
entre tristes quejas mudas,
entre ahogos pesarosos,
entre aceros que se cruzan,
entre manos que se hieren,
entre voces que se ofuscan, 3165
entre venganzas que duran,
entre golpes que se estorban,
entre glorias que se emulan,
entre mortales enojos,
entre fatales angustias, 3170
ahogos, quejas, aceros,
enojos, penas, injurias,
golpes, cóleras, venganzas,
muertes, pesares, angustias.
Vistió de sangre las guijas 3175
en crueldades tan confusas,
zafir que golpes restrañan,
rubí que heridas promulgan,
macilento el alabastro,
eclipsada la hermosura, 3180
el rostro con mucha sangre,

los ojos sin luz alguna,
mesado cabello y barba,
—¡qué justicia!— desocupa
—¡grande rigor!— la color,   3185
—¡terrible pena!— y se enturbian
—¡justo castigo!— las plantas
—¡qué pesar!— adonde dura
—¡grave sentencia!— su sangre.
Su muerte cruel anuncian   3190
femeniles escuadrones
fieros; imp[ú]beres turbas
en música organizada
se celebran —¡no se vio nunca
tan viva rabia!— su muerte.   3195
Van a la mortal figura
y, mordiéndole las carnes
en galardón de sus culpas,
hacen con ronco alarido
de sus bocas sepultura,   3200
de sus dientes fuertes armas,
y de sus pechos las tumbas,
do el espectáculo encierran
y do el cadáver sepultan.
Y en esta traición leal   3205
se vio de Fuente Ovejuna
el castigo más debido
y la venganza más justa.

            Cantan dentro.

        Serranas del valle,
en sonora voz,   3210
celebrad la muerte
del Comendador.

DON JUAN   ¡Válgame Dios! ¿Yo qué miro?
                ¡Don Fernando...! Esta[s], fortuna,
                son tus mudanzas. Al fin   3215

es la vida flor caduca
que cadáver anochece,
cuando lozana madruga.

Lope de Vega y Cristóbal de Monroy: *Fuente Ovejuna (Dos comedias)*, Ed. de Francisco López Estrada, Madrid, Ed. Castalia,
1979 (3.ª ed.), pp. 332-342.

Juicio de Menéndez Pelayo sobre la *Fuente Ovejuna* de Lope

El juicio que Menéndez Pelayo estableció sobre Fuente Ovejuna *en su
edición de las* Obras de Lope de Vega *(en el volumen X de las mismas,
1899) resultó fundamental para difundir en España esta obra. Aparecido en el mismo fin de siglo (no olvidemos lo que representa la fecha de
1898 en la literatura española), los párrafos entusiastas de Menéndez Pelayo, urdidos con una retórica casi parlamentaria, recogen el interés suscitado por el previo conocimiento de la obra en diferentes círculos literarios europeos, conocimiento que se produjo gracias al conde de
Schack, con su traducción al alemán de la obra en 1845, y también mediante la versión al ruso de Sergei A. Iuref, aparecida en 1877, que fue
el texto de la primera representación moderna de la que hay noticia, en
Moscú, en 1876.*

La incorporación de Fuente Ovejuna *a esta colección de* Obras de
Lope *aseguró su conocimiento entre la erudición primero y después entre los sucesivos críticos que siguieron estudiando la dilatada producción de este autor, y la destacó de entre otras muchas. Menéndez Pelayo
enjuició* Fuente Ovejuna *desde una concepción romántica del arte en relación con la historia, asegurada en la representación de un «alma popular» que habla por boca de Lope; el suceso aparece para Menéndez Pelayo como un testimonio del sentido «democrático» que él radica en el
teatro castellano, armonizado con el otro sentido «profundamente monárquico» del pueblo español. Desde estos principios establece el estudio de la obra y por ella empareja a nuestro Lope con Shakespeare en
punto a «la pasmosa adivinación de la psicología de las muchedumbres».*

Con tan exiguos materiales hubo de levantar nuestro poeta su edifi-
cio dramático, que es de sencilla e imponente grandeza: un drama épico
en toda la fuerza del término. En *Peribáñez*, en *El mejor Alcalde, el Rey*,

y en otras obras que pueden parecer análogas a ésta por su pensamiento, se trata de justicias o de venganzas particulares. En *Fuente Ovejuna* lo que presenciamos es la venganza de todo un pueblo; no hay protagonista individual; no hay más héroe que el *demos*, el concejo de Fuente Ovejuna: cuando el poder Real interviene, es sólo para sancionar y consolidar el hecho revolucionario. No hay obra más democrática en el Teatro castellano, no ya con la patriarcal democracia de *Los Jueces de Castilla*, sino con la tumultuosa y desbordada furia de los tumultos anárquicos que iluminaron con siniestra luz las postrimerías de la Edad Media y los albores de la Moderna; de la *jacquerie*, en Francia; de los *pagesos de remensa*, en Cataluña; de los *forenses*, en Mallorca; de los *agermanados*, en Valencia; de los *aldeanos*, en Alemania. El genio, otras veces tan dulce y apacible de nuestro poeta, se ha identificado maravillosamente con las pasiones rudas, selváticas y feroces de aquellas muchedumbres; y ha resultado un drama lleno de bárbara y sublime poesía, sin énfasis, ni retórica, ni artificios escénicos; un drama que es la realidad misma brutal y palpitante, pero magnificada y engrandecida por el genio histórico del poeta, a quien bastaría esta obra, sin otras muchas, para ser contado entre los más grandes del mundo. En *Fuente Ovejuna*, el alma popular que hablaba por boca de Lope, se desató sin freno y sin peligro, gracias a la feliz inconsciencia política en que vivían el poeta y sus espectadores. Hoy, el estreno de un drama así promovería una cuestión de orden público, que acaso terminase a tiros en las calles. Tal es el brío, la pujanza, el arranque revolucionario que tiene; enteramente inofensivo en Lope, pero que, transportado a otro lugar y tiempo, explica el entusiasmo de los radicales de Rusia por una obra donde a cada paso se leen máximas de este tenor: [a continuación transcribe los versos 1859, 1869-71, 1696-8 y 1708-11].

Y todo esto no queda en palabras, sino que se pinta y representa con los más vivos colores la orgía de la venganza popular, una furiosa saturnal demagógica, donde hombres y mujeres rivalizan en crueldad y ensañamiento: [aquí transcribe los versos del parlamento de Flores, criado del Comendador, en que denuncia los hechos de Fuente Ovejuna, 1964-1999].

Como se ve, ni siquiera falta en el cuadro su toque *colectivista*.

Para preparar y aun para justificar esta espantosa venganza que nuestro dramaturgo pone no sólo en relato, sino también en acción (y por cierto con gran rapidez, nervio y eficacia), no ha perdonado en los dos primeros actos medio alguno que pudiera excitar la indignación de todo pecho generoso contra la tiranía feudal encarnada en el Comendador mayor de Calatrava. Y esto lo hizo por arte consumado, no con las declamaciones que en caso análogo emplearía un sectario vulgar, sino con la exposición de hechos vivos que llenan el alma de ira y espanto: forzamientos de doncellas y casadas, afrentas de padres y maridos, violaciones oprobiosas de la justicia, escarnio de la veneranda institución municipal, degradación sistemática de la persona humana, todos los crímenes y abominaciones que pueden nacer del despotismo de arriba y del servilismo de abajo, vistos y estudiados en el campo y entre villanos, para que resulte mayor su diabólica eficacia. La ficción poética es aquí más verdadera que la historia misma. En parte alguna puede encontrarse un cuadro tan espantosamente verídico de lo que fue la anarquía y el desenfreno moral que se paseó triunfante por Castilla en el infausto reinado de Enrique IV, y que sucumbió bajo el cetro de hierro de los Reyes Católicos. Lope, con aquella intuición histórica que era parte esencialísima de su genio, marcó el punto culminante de esta lucha en el episodio, secundario en verdad, pero tan curioso y significativo, de *Fuente Ovejuna;* drama que simboliza el pacto de alianza entre la monarquía y el pueblo, el allanamiento de las fortalezas señoriales y la ruina de las jurisdicciones privilegiadas.

Porque este drama, tan profundamente democrático, es también profundamente monárquico. Ambas ideas vivían juntas en el pueblo español; y en Lope, su poeta, su intérprete, tenían que ser inseparables:

El Rey sólo es señor después del cielo,
y no bárbaros hombres inhumanos... [vv. 1700-1]

Los matadores de Fernán Gómez aclaman simultáneamente a los Reyes Católicos y el pueblo de Fuente Ovejuna; asaltan el castillo del Comendador, pican sus armas, rechazan el señorío de la Orden de Calatrava y ponen las armas Reales en el concejo: [cita los versos 2072-80].

En vano el juez pesquisidor quiere indagar a fuerza de tormentos quién mató al Comendador. La libertad ha transformado en héroes a los menguados siervos de ayer; y hombres y mujeres, ancianos y niños, resisten impávidos el potro y la cuerda, sin que salga de sus labios más voz que la de «Fuente Ovejuna», como si un corazón solo latiese en todos sus pechos. El Rey Católico tiene que recibirlos bajo su protección cuando se le encomiendan:

Señor, tuyos ser queremos.
Rey nuestro eres natural... [vv.2434-5]

Poco tienen que agradecer, ciertamente, a Lope los Comendadores de las Órdenes militares. Si el de Ocaña es un libertino desalmado, de quien

hace justicia el puñal de Peribáñez, Fernán Gómez, el de Fuente Ovejuna, es un monstruo ebrio de soberbia y de lujuria, a quien sus vasallos
acosan y cazan como a una alimaña feroz y dañina. No conserva más
cualidad buena que el denuedo personal, única que no podía faltar en
quien llevaba al pecho la cruz de aquella gloriosa milicia. Así le vemos
desafiar desarmado, solo y en el monte, las iras y la ballesta de Frondoso.

Sería absurdo atribuir al gran poeta animadversión ni malquerencia
alguna contra instituciones cuyo aspecto heroico tenía que serle grato,
en su condición de poeta popular y locamente enamorado de todas las
cosas tradicionales de su patria. Él mismo exaltó, por ejemplo, las glorias de los Maestres de Santiago, en *El Sol parado*. Por otra parte, la anu-
lación política de estas instituciones las hacía completamente inofensi-
vas en tiempo de Lope, y aunque rodeadas todavía de gran prestigio social, no eran ya un peligro para el derecho común, ni para la integridad
de la soberanía, ni para cosa alguna. Su tiempo había pasado, y no eran
más que una antigualla venerable y codiciada por lo honrosa y aun por
lo lucrativa. Pero al poner en escena el duelo a muerte entre la Corona
y sus grandes vasallos, al presentar el levantamiento tumultuoso de un
pueblo de señorío que pasa a ser realengo, era natural que la elección
del poeta recayese, no en un señorío individual, por robusto que fuese,
sino en el poder más formidable que a fines del siglo xv podía levan-
tarse enfrente del poder del Trono. Un Maestre de Calatrava había estado a punto de ser rey de Castilla; otro había entrado a sangre y fuego
en Ciudad Real, decapitando a sus defensores y azotando y arrancando
la lengua con tenazas a muchos de la plebe y gente menuda; un clavero
de Alcántara, hombre de hercúleas fuerzas y desapoderada ambición, fa-
tigaba con bandos y contiendas a Extremadura, y trataba de igual a igual
con la Reina Católica. Estos personajes y estos tiempos son los que Lope
describía con pasmosa verdad moral, con cierta política de instinto y de
sentimiento, y sin ningún propósito ulterior, que en su tiempo hubiera
sido impertinente.

El ambiente campesino en que se mueven los personajes de esta pieza, da lugar, como sucede de continuo en Lope, a lindas escenas villa-
nescas y a cuadros de género que dulcifican algo la siniestra impresión
del conjunto. Pero de todos modos, no es el idilio lo que domina, ni
ha querido el autor que dominase: las atrocidades del Comendador son
tales, que bastarían para convertir en infierno la pastoril Arcadia. El elemento cómico está sobriamente distribuido. Lope tuvo el arrojo y la ha-
bilidad de introducirle en una escena de tortura, que sin él hubiera resultado intolerable.

Hay mucho que aplaudir en esta comedia, o más bien casi todo es ex-

celente. Se ve que el poeta camina derecho a su fin y está en plena posesión de sus medios. No rige su pluma la improvisación fugaz de otras
veces, sino una lógica dramática, tan sencilla como infalible en sus pro-
cedimientos. No camina al acaso, sino puestos siempre los ojos en la in-
minente catástrofe. Están finamente indicados los caracteres de la honrada y fuerte Laurencia; del valiente y enamorado Frondoso; del venerable
y sesudo alcalde Esteban; de Juan Rojo, tan tímido al principio y el
más arrojado después; del sensual y gracioso Mengo, a quien los tragos
de vino consuelan de los dolores del tormento. Pero más que la psicología individual importa aquí la pasmosa adivinación de la psicología
de las muchedumbres, que se encuentra en Shakespeare como en Lope,
pero que es tan rara en el Teatro moderno, acaso porque el abuso del
dilettantismo literario ha cortado la comunicación entre el poeta y su
pueblo, borrando en el drama todo vestigio de sus orígenes épicos.

Marcelino Menéndez Pelayo: *Estudios sobre el teatro de Lope
de Vega,* Santander, Aldus, 1949, V, pp. 175-182.

La coherencia de *Fuente Ovejuna* y su comparación con otras comedias de Lope de tema paralelo

G. Ribbans destaca la coherencia interior de los personajes de Fuente
Ovejuna *de Lope; para subrayar la peculiaridad de esta comedia, la compara con otras dos, de personajes que tienen algunos rasgos en común
con Fernán Gómez: El Comendador de* Peribáñez *y don Tello en* El mejor alcalde, el rey. *Lope no se presenta como un brillante improvisador
ni como un autor ajeno al asunto, uno más de su numerosa producción.*

Fuenteovejuna es una obra que trata de la relación entre los diversos
elementos de la sociedad. A pesar de su reputación de improvisador brillante, de frivolidad y de despreocupación política, no se puede, según
mi opinión, considerar a Lope como un simple creador de entreteni-
miento, desinteresado por los temas que trata. Ni puede admitirse que
una obra como *Fuenteovejuna* sea nada más que propaganda monár-
quica; tiene un significado que es a la vez más serio, creador y coherente
que la mera aceptación de la ideología de la época. La monarquía es
para Lope la roca sobre la cual descansa la sociedad, la condición *sine
qua non* de la existencia social en la tierra. La posición del rey es, por
lo tanto, indiscutida e indiscutible; la actitud de Lope hacia los demás

elementos de la sociedad es más crítica. Los campesinos gozan de su simpatía; idealiza su modo de vida y considera su existencia en conjunto como satisfecha y fructífera. Si la estructura social se hunde, sin embargo, quedan a merced de sus pasiones y de su falta de recursos intelectuales. La aristocracia es la mayor causa potencial de trastorno, y en tres obras importantes Lope trata de los nobles que subvierten la sociedad. Esos tres individuos, dentro de su similitud general, presentan diferencias significativas. El Comendador de *Peribáñez* es un hombre que actúa erradamente por sus impulsos; sabe que yerra, pero no puede dominarse. Su credo social no es erróneo, pero carece de prudencia y discreción: «Dios haya al Comendador: matóle su atrevimiento.»

Don Tello, en *El mejor alcalde, el rey*, presenta algunos de los rasgos de los otros dos Comendadores. Se comporta correctamente hasta que la belleza de Elvira le turba los sentidos. No es continua y agresivamente tiránico como Fernán Gómez, pero el deseo de la mujer ajena produce en él rasgos similares a los del Comendador de *Fuenteovejuna*. Afirma entonces su derecho a hacer lo que le plazca en su territorio y se arroga autoridad real; su crimen de *lèse-majesté* concuerda con su ofensa social y es causado por el mismo exagerado orgullo nobiliario. Fernán Gómez es más consecuente que cualquiera de los otros en sus atropellos. Por una parte, pisotea los derechos morales de los aldeanos —su «honor», de acuerdo con un código más verdadero que la arrogante afirmación de nobleza—; por otra parte, trata la sucesión al trono como una cuestión de honor personal. Crea así un desorden político y social que lleva a su cómplice político a la humillación y a sus vasallos a la rebelión y al asesinato. Pero con su muerte vuelve a ser posible el orden y se puede restaurar una verdadera relación social —rey: noble: campesino.

Fuenteovejuna sobresale entre las obras de Lope por su clara visión de la sociedad como un conjunto coherente e interdependiente. El análisis de un tirano lascivo es preciso y hábil: el retrato realista de una rebelión aldeana, crítico aunque afectuoso, es magistral y, creo, único. La economía rural y el sistema social jerárquico del siglo XVII son algo muy remoto para nosotros, pero los problemas de la estructura de la sociedad y de la relación entre gobernantes y gobernados son siempre actuales, y el examen lopesco del tema tiene, según creo, una significación que sobrepasa los límites de su época y que merece ser reconocida aun hoy.

Geoffrey Ribbans: «Significado y estructura de *Fuente Ovejuna*» [1954], en *El teatro de Lope de Vega. Artículos y estudios*, Buenos Aires, Universidad, 1962, pp. 119-120.

Juicio sobre la composición dramática de *Fuente Ovejuna*

Joaquín Casalduero, en uno de sus Estudios sobre el teatro de Lope de Vega, *concluye con estos párrafos su análisis sobre la* Fuente Oveju-na *de este autor. En ellos establece un juicio que interpreta el sentido «melódico» de la constitución de la obra en relación con las coordena-das de lugar y tiempo que proveen de circunstancialidad artística al de-sarrollo de la obra.*

La obra dramática es pura acción en diálogo fuera del espacio men-surable y, por tanto, del tiempo cronológico. El tiempo cronológico nos dice lo que dura la representación del tiempo dramático, lo que dura el desarrollo del interés, de la tensión dramática, eso es todo, de la misma manera que un movimiento musical dura cinco o diez minutos. La obra dramática tiene un tiempo musical; cuando utiliza el tiempo cronoló-gico lo hace en el mismo sentido que cuando utiliza un lugar determi-nado, como elementos de la acción. Si al oír en una sinfonía cinco cam-panadas no debe importarnos mucho averiguar si son de la madrugada o de la tarde, o si al oír el canto de un pájaro no tenemos que pensar en una estación del año, o por lo menos no tenemos que pensar en una estación de tal año, así en el teatro español de la Edad de Oro, así por lo menos en *Fuenteovejuna* y otras muchas comedias y novelas de esa época.

Caballeros de Calatrava, labradores, Reyes, son las tres clases de ins-trumentos con su tonalidad propia, a los cuales se les encomienda el pre-sentar las distintas melodías que forman la obra.

¿Cómo podemos imaginarnos a Laurencia y Frondoso en la escena 6 del acto III en una plaza? No, el fondo sobre el cual se destaca la pareja heroica está formado por el diálogo del viejo, el niño, la mujer y el hom-bre, que sostiene con su voluntad en el tormento la voluntad de unión matrimonial.

La acción va más allá de un espacio topográfico y un tiempo crono-lógico: de aquí el interés de detenerse en el estudio de la composición de *Fuenteovejuna*, obra en la que, como en otras comedias de Lope, se presenta muy claramente dentro de la división en tres actos una divi-sión en cinco partes. El acto primero y el tercero tienen dos partes que no sólo se notan fácilmente, sino que se deben notar. La primera parte del primer acto —las dos primeras escenas— no es un planteamiento del conflicto, sino un compendio —una obertura— de los temas que más tarde han de encontrar todo su sentido; el planteamiento del conflicto se presenta en acción en la segunda mitad del acto.

La falta de pausa y el cambio de ritmo en la acción no impiden que veamos en su totalidad la trayectoria de Laurencia, desde la expresión de su deseo de verse libre del Comendador hasta su negativa a seguirle, pasando por la afirmación de su heroísmo. La representación total de la acción —mujer contra lascivia— va precedida del acto de rebeldía. Ambas, rebeldía y lascivia, son la proyección del hombre bárbaro, instintivo, esto es, el hombre que ha perdido la pureza de corazón, el hombre de la ciudad (ciudad quiere decir moderno).

La última parte del tercer acto está manteniendo el equilibrio con la primera parte. Sumisión y matrimonio que se ampara en la figura apoteósica del Rey, el cual abruma con toda su grandeza final al luciferino Comendador.

Entre la rebeldía y la sumisión, la lascivia y el matrimonio, entre estos dos planos simbólicos transcurre la acción, la cual en el segundo acto es una variación del primero. La variación introduce el simbolismo (I, 2) en la corriente dramática (II, 1) y desarrolla (II, 2 y 3) el conflicto (I, 4) que da lugar a la acción dramática. Este segundo acto, además, nos presenta la derrota del Comendador y el Maestre (II, 4) en oposición a la victoria del primer acto, y el acto termina con la victoria del Comendador sobre los labradores en oposición a la derrota del final del primer acto. En el tercero los temas se desenlazan, y además se aísla el segundo final, el desenlace feliz de la tragedia cristiana, el alborozo del «tercer día» que sigue a la Muerte y que es su complemento necesario.

Joaquín Casalduero: «Lope de Vega: *Fuenteovejuna*», en *Estudios sobre el teatro español*, Madrid, Gredos, 1981 (4.ª ed.), pp. 53-55.

La acción de Ciudad Real en la composición de *Fuente Ovejuna*

J. M. Marín en su estudio sobre Fuente Ovejuna *justifica así la función de la acción de Ciudad Real que Lope de Vega incluye en la unidad de la composición de* Fuente Ovejuna:

Si en *Fuente Ovejuna* sólo existiese la acción principal, asistiríamos a un drama en el que los villanos, esclavizados por el tiránico poder de un comendador de Calatrava, buscan su libertad a través de la muerte del señor. El texto no entraría tanto en los esquemas políticos del siglo XVII, la Monarquía absoluta y teocéntrica, como en los más modernos de defensa de la libertad de los pueblos. Al introducir la segunda acción, se orienta también la primera hacia la defensa de los postulados políticos del seiscientos. En la segunda acción, el mismo Comendador involucra al Maestre de Calatrava para enfrentarse a los Reyes, apoderándose de Ciudad Real. Esclavizar al pueblo de Fuente Ovejuna es el aspecto social de una tiranía; oponerse al Rey en Ciudad Real es el aspecto político de la misma. Son las dos caras de la misma moneda: el tirano va contra el sistema. Los Reyes devolverán la armonía, restablecerán el orden al vencer a Calatrava en Ciudad Real, al tiempo que el pueblo, al matar al Comendador, restablece por su parte la paz en la villa. Reyes y pueblo unidos restituyen el orden.

> Juan María Marín: Prólogo a su edición de *Fuente Ovejuna*,
> Madrid, Cátedra, 1982, p. 46.

Sobre la formación del personaje colectivo en la *Fuente Ovejuna* de Lope

El libro de Teresa J. Kirschner sobre el personaje colectivo en Fuente Ovejuna *trata del proceso que existe en esta obra según el cual el pueblo de la villa, a través de los protagonistas individuales de la comedia, va conformándose, a lo largo de los tres actos, como un personaje colectivo. Los párrafos finales del estudio en que resume este proceso son los siguientes.*

De esta suerte, asistimos a un proceso en el que la participación de la masa en escena va aumentando, a la vez que aumentan también los temas relacionados con el desarrollo de una conciencia colectiva. En el Acto I sólo vemos a la masa en escena una vez, cuando nada sabemos de ella y cuando las relaciones sociales, tanto en el nivel nacional como en el nivel local, están regidas por el interés privado.

En el Acto II, aparece la masa en la última escena cuando ya se nos ha presentado la ideología y la mentalidad de los campesinos. Se desarrolla el tema de la formación de la opinión pública con la murmuración y el contagio de la indignación de los campesinos hacia el Comendador. Los sentimientos expresados, en vez de ser personales, empiezan a ser sentimientos colectivos, tal como la expresión de adhesión a la causa de los Reyes Católicos.

Por fin, en el Acto III, se forma la masa activa al decidir ir a matar al Comendador y aguantar la tortura para así o morir todos o salvarse todos en la lucha. La creación de una conciencia y una psicología colectivas dominan este Acto. La comedia termina con la masa y los Reyes Católicos acompañados de su séquito en la escena y con la integración a la Corona de todas las fuerzas operantes.

Para ello, Lope elabora a su protagonista múltiple en contraste con el personaje secundario colectivo de Ciudad Real, a la vez que representa a la colectividad utilizando toda clase de técnicas: con el personaje portavoz o con la formación de grupos representativos de la totalidad, con la presencia pasiva de la masa o con la masa-actor, con el personaje tipo símbolo del grupo o el personaje «Todos» que habla al unísono, según qué aspecto del concepto de grupo quiere desarrollar.

A pesar de que se ha estudiado desde el punto de vista dramático la importancia de la masa en escena, *Fuenteovejuna* apenas ha sido abordada por la crítica dentro de este planteamiento. Aureliu Weiss, en su artículo «Mob-Scenes: Their Generic Limitations», discute desde el punto de vista técnico la presencia de la masa-actor desde el teatro medieval hasta el presente. En el período barroco tan sólo encuentra que Shakespeare abordó el problema con *Julio César* y, a pesar de que cita el *Arte nuevo de hacer comedias* de Lope de Vega, llega a la conclusión de que ni los autores franceses ni los españoles del período tocaron el tema. El nombre de Lope también queda omitido cuando se hace un recenso, desde el punto de vista psicológico, de aquellos autores que trataron en sus obras la masa psíquica.

Las únicas referencias que se acercan algo a nuestro tema son apreciaciones hechas de paso en algunos estudios literarios dedicados a *Fuenteovejuna*, tal como la conocida apreciación de Menéndez y Pelayo sobre «la pasmosa adivinación de la psicología de las muchedumbres» o como la de Guillermo de Torre que ve en *Fuenteovejuna* «el primer drama multitudinario, una verdadera anticipación al teatro de masas» o como Hook que dice que partes del Acto III parecen estar escritas bajo la influencia de la *Psicología de las masas*, ya que coinciden con las conclusiones de LeBon.

Pero Lope no *anticipa* sino que percibe formas de conducta tan auténticas y reales en su tiempo como en el nuestro. El que las disciplinas que estudian objetivamente la motivación psicológica social se hayan desarrollado en los últimos ciento y pico de años, no quiere decir que la mecánica psíquica de la masa no existiera con anterioridad.

A nosotros lo que nos admira es el proceso reverso: ya que Lope crea un protagonista colectivo y que, como todo protagonista, éste tiene que experimentar un cambio durante la trayectoria del drama, y ya que el grupo se mueve con una mecánica psíquica distinta de la individual, lo apreciable es que tuviera la grandeza de concepción de hacer que el carácter de los personajes componentes del protagonista múltiple cambiara a medida que se funden en el alma colectiva.

Fuenteovejuna es, pues, la dramatización de una gesta en la que no tan sólo el individuo, sino un grupo entero pueden remontarse al nivel heroico al sentirse partícipes en un hacer colectivo. En resumen, mantenemos que la importancia literaria del uso del protagonista colectivo en *Fuenteovejuna* no sale del hecho de que Lope trabajara con conceptos dramáticos, tales como el personaje múltiple, que se ha tardado siglos en ser comprendidos plenamente, sino de la manera como logró el poeta armonizar la idea del personaje colectivo dentro de una estructura dramática y de una visión ideológica, signo de la unidad integradora de toda obra de arte.

Teresa J. Kirschner: *El protagonista colectivo en Fuenteovejuna*, Salamanca, Universidad, 1979, pp. 142-144.

Fuente Ovejuna y los problemas sociales del tiempo de Lope de Vega

Noël Salomon, en su estudio sobre el tema del campo en la comedia en la época de Lope de Vega, se refiere a Fuente Ovejuna *y pone de relieve los aspectos propios de su tiempo presentes en la comedia (que se sitúa en 1476, al fin de la Edad Media). En la versión de Lope apunta el tema de los conversos en la forma del orgullo de los cristianos viejos, en este caso representados por los labradores, y los hechos originales de una rebelión propia de las incidencias de la lucha entre las grandes ciudades dependientes de la Monarquía (Córdoba, en este caso) y las Órdenes militares.*

El sentimiento de la riqueza rústica y el de la pureza racial se conjugan muy claramente para sostener el honor del villano en piezas como *Fuente Ovejuna* o *Peribáñez y el Comendador de Ocaña*, escritas en el mismo período (1609-1613). En estas dos comedias encontramos aspectos antisemitas que se usan con vistas a un efecto cómico [...], pero en ellas existe también el prejuicio racial fuera de la habitual intención cómica. El rasgo se eleva entonces al plano de la nobleza elemental propia de la limpieza, tomada en serio por el dramaturgo, susceptible de oponerse

dignamente a la «hidalguía» [...]. Uno se pregunta si en estas piezas un
Lope, amigo de los grandes, no hace de «labrador» cristiano viejo, que,
rico y «puro», no aspira a la «hidalguía», siendo al mismo tiempo voz
de su propia oposición y de la de los mecenas de la nobleza adquirida.
Los labradores de *Fuente Ovejuna*, en la lucha que ellos sostienen contra su Comendador, sitúan confianza y fuerzas en su sentimiento de cristianos viejos. Ellos reconocen que no poseen el «honor» en un sentido
estrictamente feudal de la palabra, valor de prestigio que se relaciona,
parece, con el lugar que cada uno ocupa en la jerarquía de las clases
feudales. Ese honor en cuestión es algo externo y desciende, como los
rayos del sol sobre la tierra, desde lo alto a lo bajo del cuerpo social (del
Rey al señor, del señor al vasallo), y sólo el superior puede otorgárselo
al inferior. Al Comendador que llega adonde están reunidos los labradores, en la plaza de Fuente Ovejuna, el alcalde Esteban le dice muy claramente que el señor puede honrar al villano, pero no el villano al señor [véanse los vv. 945-947].
    Con todo, en las misma escena, nuestros labradores hablan de un
«honor» indiviso, propio de ellos, que no pide más que vivir en paz
bajo la protección del «honor» del señor; este «honor» de los labradores
que no viene ni de lo alto ni del exterior, y que ellos poseen enteramente, es el que les confiere su propia posición social (ellos son *gente principal*) y su condición de cristianos viejos. En ese sentido su dignidad se
afirma categóricamente y, como en la realidad de la gente de campo de
hacia 1610, se hace incluso agresiva hacia el noble sospechoso de tener
sangre mora o judía en las venas. [...].
    La referencia de los labradores de *Fuente Ovejuna* a las cruces del Co-
mendador [véanse los vv. 976-991], atribuidas ilegítimamente a personas
cuya pureza de sangre no era limpia, era el eco de una preocupación propia de los años 1610-1615, mucho más propia de esos años que del de
1476 en el que se sitúa la histórica rebelión [...],
    Lo cierto es que el levantamiento histórico de Fuente Ovejuna en 1476
no revistió el carácter fundamentalmente campesino que Lope le otorga
en su transposición dramática. Diversos documentos mencionan los
nombres de los principales dirigentes de la rebelión y nos ofrecen indicaciones de los oficios y profesiones ejercidos por ellos: nos encontramos con mercaderes, artesanos o letrados, también clérigos, pero allí no
se menciona el título de *labrador*. Parece, por otra parte, que la rebelión
fue esencialmente fomentada por emisarios de la villa de Córdoba, de-
seosos de arrebatar la tutela de Fuente Ovejuna a la Orden de Calatrava.
En resumen, el carácter «urbano» y, en cierto modo, «burgués» de la histórica revuelta no puede negarse, y es motivo para pensar que el anti-

semitismo popular [...] no cuenta. Todo hace creer que Lope, intérprete de los sentimientos propios de su época, es el responsable esencial de la inflexión a la vez «cristiano-vieja» y rústica de su drama.

Noël Salomon: *Recherches sur le thème paysan dans la «comedia» au temps de Lope de Vega*, Bordeaux, Université, 1965, pp. 823-826. Traducción de Francisco López Estrada.

Juicio sobre la condición estética de *Fuente Ovejuna*

En este juicio Francisco López Estrada plantea la cuestión de la posible condición estética que cabe aplicar a la comedia Fuente Ovejuna *de Lope de Vega. La existencia de la otra versión de Cristóbal de Monroy le permite enfrentar una y otra para llegar a la consecuencia de que la de Lope responde más bien a una concepción artística de condición manierista, mientras que la de Monroy es una pieza que está propiamente en el ámbito de la comedia barroca.*

¿RENACIMIENTO, MANIERISMO, BARROCO?

El acercamiento de las grandes concepciones estéticas al caso concreto de obras célebres y representativas trae con frecuencia divergencias de criterios. Así ocurrió que se quiso ver en la *Fuente Ovejuna* de Lope una obra barroca, característica de un autor en el que el ímpetu vital sobrepasaba encasillados artísticos. Pero después del estudio realizado me inclino a ver en esta comedia una obra que encaja en el arte del Renacimiento tardío, o con más precisión, en un arte manierista; en ella se narra dramáticamente un suceso real pero no a través de una historia contemporánea o posterior, sino de una crónica de claro matiz nobiliario, que se refiere a las Órdenes más apreciadas para el lucimiento social. Es cierto que el hecho resulta violento y de sangre, pero hay una distancia en el tiempo y en la concepción de la vida, que le quita la crudeza o virulencia de cualquier orden. La comedia se acusa con un definido perfil, no espontáneo ni realista, sino artificioso a través de una expresión que tiene ya un cultivo de tradición literaria, como es la pastoril, y que se aprovecha, convenientemente adaptada al caso. He probado que Lope en *Fuente Ovejuna* partía de una experiencia poética ya en cierto modo superada (la literatura pastoril, que como libro narrativo estaba pasando de moda), y con ella fundía unos tipos teatrales que eran los personajes de un concreto caso pasional (realismo histórico o, al entender de Lope, cronístico).

Si la violencia de los hechos que representa y la novedad de crear el personaje colectivo del pueblo pudieran inclinar hacia la libertad del arte barroco, queda la condición humanística de la interpretación del Comendador como tirano y de la rebeldía como acto justiciero, que da una función al personaje y un sentido a la violencia. Por eso Lope no desencadena la tragedia hasta sus extremas consecuencias, sino que en último término detiene el impulso fatal de la obra con el perdón real y la felicidad de los amantes aldeanos. Hay «distorsión» manierista (aunque sólo sea en parte) en estas figuras que están a la vez en la ficción y en la historia, que son resultado de un vuelo de la imaginación alzado sobre las páginas impresas de la *Chrónica;* por esta inestabilidad, el volar y volver al suelo conviene a *Fuente Ovejuna* la indicación de arte manierista, si se quiere de medias tintas, por más que el romanticismo sólo haya querido ver la tonalidad oscura (tragedia popular); la blanca existe también, y sobre todo una matización ordenada en su desarrollo, que es demasiado para renacentista, y escasa para barroca.

La técnica artística de la *Fuente Ovejuna* de Lope resulta más bien retrasada, si se la compara sobre todo con la otra *Fuente Ovejuna* de Cristóbal de Monroy. Asegurada la estructura dominante de la comedia a la manera que Lope impuso en el teatro español, el andaluz Monroy rebajó la realidad o noticia hasta situarla en un grado mucho menos presente en escena que Lope. Sólo se quedaba con lo menos que podía del hecho de *Fuente Ovejuna,* y le importaba más el juego dramático y su brillo poético. Por eso el anacronismo es mucho más intenso, pues apenas sabemos algo de la época en que ocurren los hechos que se representan en escena, hasta muy al fin; y tan sólo muy de pasada se mencionan lugares y gentes reconocibles. La rebelión obligaba con su fuerza de «caso memorable», pero queda en la versión de Monroy mucho más al fondo, frente al desarrollo de una trama más tensa en cuanto a las situaciones pasionales, más comprometida con el público, por cuanto éste quería sobre las tablas reconocer una modalidad artística de triunfo asegurado. Búscase una impresión de efectos continuados, que golpeen al espectador, y siempre que hay ocasión, la acción se hunde en el anacronismo de los sentimientos, confundiendo los del público con los que se muestran en la escena. Por todo esto la pieza de Monroy me parece más en la línea del arte barroco. Pero que las dos indicaciones de manierista y barroco no sirvan de confusión ni para un encasillamiento inflexible. Con razón dicen L. C. Pérez y F. Sánchez Escribano: «Es un gran error pretender que cuando se dice que un autor es barroco, toda

su obra ha de responder a todas las características del estilo barroco.»[1]
Lope, más pródigo en la mención de noticias, resulta, sin embargo, por
su concepción dramática, movido por un ansia de universalidad; Monroy, menos pendiente de los datos, por lo mismo queda más circunstanciado en su propia época. *Fuente Ovejuna*, como obra de Lope, resurge
en cada representación más joven y viva, probando que si un poeta es
fiel a su tiempo (y en este libro lo he querido mostrar), puede también
permanecer en el aprecio de las generaciones venideras cuando es intérprete de estas situaciones que hacen vibrar con alegría o con dolor la
condición humana: por sobre la villa de Fuente Ovejuna, allá en la frontera de Andalucía, por encima de lo que haya sido en la realidad histórica el hecho de la rebelión del pueblo contra el Comendador, y aun por
encima también de las páginas de la *Chrónica* de Rades, Lope alzó genialmente el mito poético de su obra *Fuente Ovejuna* intuyendo lo que,
con el paso del tiempo, se llegaría a considerar como la expresión más
poética del afán de justicia de un pueblo frente al tirano.

Francisco López Estrada: «Interpretación conjunta y variedad
de las dos versiones de *Fuente Ovejuna*», en *Fuente Ovejuna. Dos
comedias*, Madrid, Castalia, 1979 (3.ª ed.), pp. 356-359.

---

[1] L. C. Pérez y F. Sánchez Escribano, *Afirmaciones de Lope de Vega sobre preceptiva dramática*, Madrid, 1961, pág. 118.

Orientaciones para el estudio de *Fuente Ovejuna*

Argumento

La comedia que hemos leído se basa en unos hechos históricos ocurridos en la segunda mitad del siglo XV. En la Introducción aparecen resumidos los sucesos reales tal como la investigación histórica los ha sacado a la luz. En los documentos encontramos la versión que Rades y el *Tesoro* de Covarrubias ofrecen de ellos. Y en la comedia de Lope, según su propia consideración, se nos da una versión teatral de los sucesos; también recogemos unos fragmentos de la muerte del Comendador, según Monroy. Tenemos, por lo tanto, unos mismos hechos y distintas interpretaciones, que convendrá repasar y tener en cuenta.

— Hacer una relación en prosa informativa (como si fuese un hecho ocurrido en la actualidad) de los sucesos que se encuentran referidos en *Fuente Ovejuna*.

Comparando el drama de Lope con la *Crónica* de Rades y, en la medida en que lo permita el documento número 3, con la obra de Monroy, se observan una serie de elementos que coinciden.

> — Señalar estas coincidencias.

Sin embargo, Lope introduce una serie de modificaciones en los hechos referentes a los sucesos de Fuente Ovejuna para dar vida teatral al relato en el escenario y que interese al público de la comedia. Estos cambios afectan sobre todo:

a) A los habitantes de Fuente Ovejuna:

— Aparecen nombrados de forma genérica en la *Crónica* (vecinos, mujeres, niños, muchachos, etc.) o por cargos (alcaldes, regidores, justicias, regimiento).

— Lope los individualiza dándoles un nombre, una personalidad, y creando relaciones de vecindad, amistad, amor, parentesco, etc., entre ellos.

> — Hacer un esquema de estos personajes y sus relaciones.

b) A los agravios que sufre el pueblo.

> — Señala cuáles se mencionan al principio y al final de la *Crónica*. ¿Utiliza Lope los mismos agravios? ¿Destaca alguno de ellos? ¿Por qué?

Además, Lope inventa una serie de situaciones que no aparecen en la *Crónica*.

> — ¿Cuáles son estas situaciones? ¿Por qué las introduce Lope?

En los hechos que se refieren a Ciudad Real, Lope sigue bastante de cerca la *Crónica*. Sin embargo, introduce dos modificaciones interesantes:

— La *Crónica* indica que el Marqués de Villena y el Conde

de Ureña indujeron al Maestre a seguir la causa de doña Juana, mientras que Lope lo atribuye al Comendador.

— En la *Crónica* el Maestre no abraza la causa de los Reyes Católicos hasta pasados algunos años de la reconquista de Ciudad Real; en la comedia lo hace inmediatamente.

> — ¿Por qué introducirá Lope estos cambios?

Temas

En *Fuente Ovejuna* nos encontramos con una amplia variedad de temas, aunque todos se hallan relacionados entre sí en la unidad que conforma la obra. Entre ellos aparecen dos de los temas más usuales del teatro del Siglo de Oro: el del amor y el del honor.

El tema del amor se trata, lo que ya no es tan frecuente en el teatro de la época, en dos vertientes: el amor «social» y el amor individual.

El amor social hay que entenderlo dentro de la ideología de la época: es el amor o «cortesía» entre los iguales, entre los pertenecientes a la misma clase social, y el amor que el señor debe por una parte a sus superiores —los Reyes— y por otra a sus inferiores —los vasallos— y viceversa. Observemos cómo toda la obra se plantea como una ruptura de la armonía social que se basa en ese amor. El Comendador tiraniza a sus vasallos y no corresponde a su amor en uno de los planos de la obra; en el otro incita al Maestre a atacar a los Reyes. Se da, por lo tanto, una ruptura de la armonía que será reparada al final de la obra.

En cuanto al amor individual, encontramos en *Fuente Ovejuna* los dos tipos fundamentales según el pensamiento de la época: el *mal amor,* encarnado en el Comendador, que desea conquistar a Laurencia con malos fines, tal como lo ha hecho con otras mujeres; y el *buen amor,* encarnado en Frondoso, que desea el matrimonio. El triángulo amoroso va precedido de una discusión teórica acerca del amor, muy interesante para comprender la concepción amorosa platónica que subyace en la obra.

El tema del honor se nos plantea también desde dos puntos de vista: el del Comendador, que piensa que sólo los nobles lo poseen, y el de los vasallos, que creen en la propia dignidad. Se enfrentan, por lo tanto, la concepción social del honor como algo que se adquiere por herencia (según aseguró el criterio medieval), y la concepción del honor como algo que se conquista con el esfuerzo personal (propia del Renacimiento civil) o por el ejercicio de la virtud (propia de la conciencia religiosa).

Junto a estos temas encontramos otros, como pueden ser el tópico de la oposición de la aldea y de la corte, el de la tiranía con todo su trasfondo político de si es lícito o no terminar con el tirano, el de la defensa de la monarquía frente al poder desmedido de nobles y órdenes militares, y otros muchos de menos importancia.

A. Sepárense distintos grupos de trabajo para analizar estos temas:

1.º) Tema del amor social: dedíquese una atención especial a la primera escena (véase la llamada 3) y véase cómo se desarrolla a lo largo de la obra. Consúltense asimismo **17** y **50**.

2.º) Tema del amor humano: atiéndase a la discusión entre los campesinos (**13**), a la oposición entre el buen y el mal amor y a la evolución de los sentimientos de Laurencia. (Consúltense también **21, 22, 23, 24** y **31**).

3.º) Tema del honor: contrapónganse las posturas del Comendador y de sus vasallos. Atiéndase a lo dicho en **18, 28, 29, 35**.

4.º) Tema de la oposición de aldea y corte: estúdiese el tópico poniendo otros ejemplos que se recuerden de anteriores lecturas y analícense los ejemplos que aparecen en *Fuente Ovejuna* (**8, 12**, e, indirectamente relacionado con el tema, **26**).

5.º) Tema de la tiranía del señor: estúdiese cómo poco a

poco se van amontonando los abusʁs que llevan a la suble-
vación del pueblo (obsérvense **36, 37, 43, 45, 46, 48**).

6.º) Tema de la defensa de la monarquía frente a la nobleza y las Órdenes militares: analícese cómo poco a poco
van tomando partido los habitantes de Fuente Ovejuna por
los Reyes Católicos y su total sumisión a ellos, así como la
«conversión» del Maestre (**37, 40, 44, 45, 48, 54, 58, 59**).

B. Indíquense otros temas hallados en *Fuente Ovejuna*.

Personajes

En *Fuente Ovejuna* aparecen más personajes de los que son
usuales en la comedia española, debido a la propia naturaleza
del asunto: el levantamiento de todo un pueblo contra su señor
y la conquista de una ciudad por parte de la Orden de Calatrava
que motiva un enfrentamiento con los Reyes.

Reduciendo la obra a un esquema, se observa que existe una
oposición del pueblo frente a la Orden de Calatrava, y de ésta
frente a los Reyes y sus partidarios, lo que nos da tres núcleos
de personajes.

El pueblo

En el transcurso de la obra aparece el pueblo encarnado en
los dos planos de la acción: *a*) los habitantes de Ciudad Real
(cuyo mismo nombre resalta la condición de ciudad), que no soportan la conquista de la Orden de Calatrava y acuden a los Reyes; *b*) los habitantes de Fuente Ovejuna (aldea sujeta a una ciudad u Orden), que se rebelan ante las injusticias de su señor en
nombre también de los Reyes; se trata de situaciones paralelas,
pero mientras los primeros apenas aparecen y sólo se sabe de
ellos de manera indirecta, el papel de los segundos, de menos importancia en la política histórica, es fundamental en la obra, y
en ellos precisamente radica la gran innovación de este drama:

la creación del personaje colectivo. Este personaje colectivo existía ya nombrado en la *Crónica* y en la tradición: «Fuente Ovejuna, ¡todos a una!», pero el gran acierto de Lope es el haberle ido dando forma partiendo de unos personajes individuales que poco a poco van aglutinándose y tomando conciencia de su valor como grupo.

— Analícese a lo largo de la obra este fenómeno y señálense los momentos fundamentales en que se va manifestando esta progresiva unión del pueblo.

En la obra importan sobre todo los acontecimientos; a Lope no le interesa profundizar mucho en la sicología de sus personajes, aunque los matiza adecuadamente dentro de las funciones que les corresponden.

Laurencia y Frondoso corresponderían a la dama y el galán según los papeles tópicos de la comedia española, pero tienen la singularidad de ser villanos y no nobles, como aquellos suelen ser, y por ello Lope los inserta dentro de la tradición de lo pastoril.

1) Analícense los caracteres de Laurencia y Frondoso e indíquese cuál de ellos es más complejo.

2) Estúdiese la figura de Laurencia: ¿es la típica dama de las comedias, dulce y encantadora? Véase su evolución con respecto al amor.

Pascuala sería el contrapunto en ocasiones de Laurencia; y Mengo actuaría como si fuera el gracioso de la obra; sin embargo, no se prodigan las situaciones cómicas en exceso, y Mengo no se comporta como el típico gracioso de las comedias, que es en un principio egoísta y cobarde.

> 1) Señálense aquellas escenas en que Mengo representa el elemento cómico.
>
> 2) Señálense aquellas en que no se comporta de forma egoísta y cobarde y a qué se debe el cambio de su conducta.

Esteban y Juan Rojo representarían, junto con otros personajes secundarios, a los ancianos, la prudencia, la sabiduría que dan los años. Además se encuentran implicados por lazos familiares con la pareja protagonista.

> 1) Dígase qué parentesco guardan con Laurencia y Frondoso.
>
> 2) Analícense aquellos momentos en que uno u otro dicen sabias sentencias o afirmaciones políticas.
>
> 3) ¿Cuándo reaccionan y se despojan de su prudencia?

A través de la obra conocemos a otros habitantes del pueblo que tienen unas funciones más secundarias, pero que son importantes por formar parte de la colectividad.

> — Indíquese qué otros personajes del pueblo aparecen, y sus funciones.

La nobleza

Entre los personajes nobles destaca Fernán Gómez, el héroe negativo de la comedia. Él es el poderoso que obstaculiza los amores de Laurencia y Frondoso, pero sus agravios no quedan ahí: tiraniza a sus vasallos, desprecia indirectamente a la Iglesia y es traidor a los Reyes. Es el personaje mejor caracterizado de la obra, y se insiste una y otra vez en sus maldades.

> 1) Enumérense los rasgos con los que gradualmente va siendo caracterizado el Comendador.
>
> 2) Sus criados, ¿qué función cumplen dentro de la obra?

En Fernán Gómez encontramos una inversión de atributos: como persona perteneciente a la clase noble debía ser honrado, justo, defensor de sus vasallos, cortés, caballeroso, etc., y, sin embargo, el Comendador es lo contrario, lo que en cierta forma justifica su trágico fin.

> — Compárese la *Crónica* de Rades con *Fuente Ovejuna*. Obsérvese cómo la primera detalla los agravios que el Comendador infiere a la villa al final, después de describir su muerte. ¿Cómo organiza Lope dramáticamente este material?

Fernán Gómez interviene también en el otro plano de la acción al aconsejar al Maestre la toma de Ciudad Real; con ello su papel negativo se acentúa y a la vez sirve de nexo de unión entre los dos planos de la acción.

El Maestre, Rodrigo Téllez, es el representante máximo de la Orden de Calatrava, que no desea perder su poderío. Obra mal, pero no es presentado con unos rasgos tan negativos como el Comendador: se le justifica en parte a lo largo de la obra y sabe rectificar a tiempo.

> — Analícense los rasgos positivos y negativos que caracterizan al Maestre a lo largo de la obra.

Lope no es un autor antinobiliario, sino todo lo contrario. la materia en que se basa es delicada, pero obsérvese cómo él no ataca a la nobleza en sí, sino al noble que no cumple con sus deberes. Lope es, como buen hombre de su siglo, partidario de una monarquía fuerte, y su *Fuente Ovejuna* se sitúa precisamente en este proceso histórico: el Maestre es el noble que se adapta al paso de la monarquía feudal a la autoritaria, y es perdonado y se salva, mientras que el Comendador sucumbe.

— En *Fuente Ovejuna* aparecen otros representantes de la nobleza, fieles a los Reyes Católicos desde el principio: indíquese cuáles son, y sus rasgos.

Los Reyes

Son los personajes poderosos que resuelven el conflicto en los dos planos de la acción, y que, por lo tanto, también sirven de nexo entre ellos. Aparecen de forma indirecta o directa a lo largo de toda la obra, y, aunque en un principio se encuentran en una situación apurada, luchando por legitimar su presencia en el trono, al final aparecen triunfantes y esplendorosos.

---

1) Analícese su papel en los dos planos de la acción y obsérvese cómo en ambos van cobrando importancia.

2) Enumérense los rasgos con que aparecen caracterizados.

Estructura

Lope de Vega en su *Arte nuevo de hacer comedias* dijo con respecto a la acción:

> Adviértase que sólo este sujeto [=asunto]
> tenga una acción, mirando que la fábula
> de ninguna manera sea episódica,
> quiero decir inserta de otras cosas
> que del primero intento se desvíen;
> ni que de ellos se pueda quitar miembro
> que del contexto no derribe el todo.

(vv. 181-187)

Vemos, por lo tanto, que defiende, por lo menos teóricamente, la unidad de acción.

Sin embargo, analizando *Fuente Ovejuna* nos encontramos con dos núcleos argumentales: uno atañe a los sucesos ocurridos en la villa de Fuente Ovejuna; y el otro se refiere a la toma de Ciudad Real por la Orden de Calatrava. Estos dos aspectos no aparecen de forma independiente y sucesiva —como ocurría en la *Crónica* de Rades—, sino que están yuxtapuestos y alternados a lo largo de la obra y se funden en el desenlace.

— En dos hojas diferentes, encabezadas con el rótulo *Fuente Ovejuna* y *Ciudad Real*, separar las escenas —indicando el número de verso con que comienzan y finalizan para poder localizarlas luego con rapidez— que corresponden a uno u otro núcleo.

En cada una de las indicaciones conviene anotar:

a) Lugar donde transcurre la acción.

b) Personajes que intervienen en ella.

c) Un resumen en pocas palabras de lo que ocurre en esa escena.

Hemos visto, por lo tanto, que en la obra hay dos núcleos argumentales. Esto ha llevado a algunos críticos a decir que Lope no respeta la unidad de acción y que la obra es, en cierta forma, incoherente. Sin embargo, otros críticos han rechazado esta afirmación y han puesto de relieve la unidad interior de *Fuente Ovejuna*.

J. M. Rozas insiste en que sólo existe una acción en la obra, sólo que se desarrolla, de acuerdo con la concepción barroca, «de una manera doble y compleja, como ante un espejo, estableciendo unas dualidades: lo particular y lo general, lo práctico y lo teórico, lo dramatizable histórico y lo directamente historiable: la intrahistoria».[1]

---

[1] J. M. Rozas, *Significado y doctrina del «Arte Nuevo» de Lope de Vega*, Madrid, SGEL, 1976, pp. 92-93.

Nos encontramos, por lo tanto, con una acción desdoblada en dos planos: el intrahistórico, los hechos que les ocurren a las gentes sencillas y anónimas de un pueblecito, y el histórico, el enfrentamiento entre la Orden de Calatrava y los Reyes Católicos, grandes personajes de la historia, por la posesión de Ciudad Real.

> — Teniendo a la vista el cuadro que has realizado de los dos planos de la acción en *Fuente Ovejuna:*
> 1) ¿Cuál de ellos es en la obra el principal y cuál actúa como fondo? Razona tu respuesta.
> 2) ¿Se corresponde esto con la importancia histórica de los acontecimientos ocurridos? ¿Utiliza Lope los sucesos de mayor importancia histórica para el plano principal y los menos importantes para el plano de fondo, o al contrario? ¿Por qué lo hace así?

Si Lope se hubiera limitado a presentarnos la muerte de un señor a manos de sus vasallos descontentos, nos encontraríamos con un hecho anecdótico, aunque importante, ocurrido en el siglo XV. La batalla por Ciudad Real, con todas sus implicaciones políticas de gran altura, dota a la obra de una mayor profundidad al situar los sucesos de Fuente Ovejuna en un contexto histórico más amplio, dando al hecho una dimensión más trascendente. Es más, pensemos que un tiranicidio es un asunto delicado para exponerlo en un teatro y más en tiempos de Lope; sin embargo, tal como él lo trata, la obra parece reforzar la ideología del XVII, como expone J. J. Marín, en el documento número 7.

> — ¿Estás de acuerdo con lo que allí se dice? ¿Cuál es tu opinión sobre la parte de Ciudad Real en el curso de la obra?

Los dos planos se relacionan además en la obra de diversas maneras:

a) Por medio de personajes que desempeñan algún papel en ambos, especialmente el Comendador y los Reyes Católicos.

> — Analiza la función que tienen estos personajes en cada uno de los planos.

b) Por medio de alusiones que personajes de un plano hacen a acontecimientos del otro (véase, por ejemplo, 15).

> — Aporta otros ejemplos.

c) En el desenlace se observa esta unión de ambos planos de forma especial.

> — Analiza detenidamente el desenlace.

La acción se desarrolla a lo largo de la obra en tres actos o «jornadas» que se corresponden aproximadamente con el esquema tradicional de planteamiento, nudo y desenlace, aunque éste suele retrasarse hasta las últimas escenas del tercer acto con el fin de mantener viva la atención del espectador hasta el último momento.

El autor dosifica asimismo los momentos de clímax y anticlímax —de distensión— en la obra para evitar que el espectador se desinterese o se aburra. (Véanse 24, 25, 26, 41, 52, 57).

> 1) Señálese en *Fuente Ovejuna* qué escenas abarcan:
>   *a*) Presentación de los personajes y del conflicto.
>   *b*) Complicación de la situación dramática.
>   *c*) Mayor complicación y solución del conflicto.
> 2) Indíquense en el cuadro anterior las escenas de clímax y las de anticlímax.

Técnica

Lope utiliza en su obra una serie de recursos —propios del convencionalismo dramático— para captar y mantener la atención del público, así como para superar las limitaciones inherentes al teatro de su época como obra que se representa en un escenario con escasa decoración y pobre de medios técnicos, si lo comparamos con los actuales.

El diálogo es el elemento fundamental, y junto a sus funciones normales se utiliza también:

— Para situar espacialmente a los personajes supliendo la ausencia de decoración.

— Para identificar a los personajes (recuérdese que las acotaciones que aparecen *al leer* la obra no existen en su representación).

— Para relatar cosas que han ocurrido (véase **33**) u ocurren (véanse **49** y **56**) fuera de la escena.

— Para ofrecer otro punto de vista, relatando hechos que anteriormente han sido representados en escena (véanse **19** y **51**).

— Para recordar al público, después del descanso y por medio de un resumen, lo ocurrido en los actos anteriores (véase **42**).

— Analícense varios ejemplos de la utilización de estos recursos.

Asimismo Lope utiliza otros medios técnicos, como son el uso del aparte o del soliloquio, la aparición de los personajes «in medias res», o sea, la iniciación de un episodio sin explicación previa (véanse **6** y **11**), la creación de expectación que mantenga en vilo al espectador, etc.

— Pónganse varios ejemplos del uso de estas técnicas.

Estilo

Lope utiliza en sus comedias un lenguaje apropiado a la condición de los personajes, pero esto lo hace de una manera convencional. Cuando esta condición lo permite prefiere un lenguaje claro y digno, que los espectadores entiendan fácilmente. En el *Arte nuevo* aconseja no abusar de las figuras literarias complicadas y no utilizar un léxico rebuscado; sin embargo, permite el uso de figuras sencillas y de aquellas que la situación exija:

> Comience, pues, y con lenguaje casto
> no gaste pensamientos ni conceptos
> en las cosas domésticas [...]
> mas cuando la persona que introduce
> persüade, aconseja o disüade,
> allí ha de haber sentencias y conceptos,
> porque se imita la verdad sin duda,
> pues habla un hombre en diferente estilo
> del que tiene vulgar, cuando aconseja [...]
> Porque quiere que el cómico lenguaje
> sea puro, claro y fácil [...]
>
> (vv. 246-259)

> ... las figuras retóricas importan,
> como repetición o anadiplosis,
> y en el principio de los mismos versos
> aquellas relaciones de la anáfora,
> las ironías y adubitaciones,
> apóstrofes también y exclamaciones. [...]
> siempre el hablar equívoco ha tenido
> y aquella incertidumbre anfibológica [...]
>
> (vv. 313-324)

Y, por supuesto, los personajes han de expresarse en el estilo que les corresponda según su condición social y cultural, tal como ésta obtiene su tratamiento en la escena.

— Analícese si Lope respeta estos presupuestos generales en esta obra.

Refiriéndose ya en concreto a *Fuente Ovejuna*, se observa que Lope, al escoger el asunto principal —la rebelión de los villanos de una aldea andaluza contra su señor— tuvo que amoldarse a él, y valerse de las fórmulas literarias de que disponía para que los villanos pudieran aparecer en escena ante el público contemporáneo del autor. Así fue que les dio nombres de personajes comunes del pueblo (Juan Rojo, Esteban, Alonso, Pascuala, Jacinta), otros de personajes pastoriles convencionales (Laurencia, Frondoso) o rústicos (Mengo). Además puso algunas notas rústicas en su habla para que así tuviese la obra el suficiente matiz villanesco y cierta verosimilitud, incluso en la escena en que los campesinos filosofan acerca del amor dentro del tópico de lo pastoril.

---

1) ¿Emplean los villanos en la obra siempre el lenguaje vulgar o sólo rusticismos aislados? (Obsérvese el estilo cuidado que usan Laurencia y Pascuala, señalado en **8** y **9**).

2) Dentro de los villanos se observan, por el lenguaje, distintos niveles culturales. Pónganse ejemplos.

3) Una verosimilitud a rajatabla exigiría que los habitantes de Fuente Ovejuna, aldea andaluza, utilizaran rasgos propios de este dialecto. ¿Es así o no? ¿Qué explicación le encuentras?

4) Analiza la escena aludida explicando los desajustes entre la expresión y el contenido.

Por otra parte, al tener que representar sobre la escena la vida de un pueblo, Lope acude a su profunda intuición de la poesía popular y nos ofrece sobre la escena al pueblo como cantor folklórico.

— Analícense, señalando los rasgos propios de la poesía popular (pese a haber sido compuestas por un autor culto):

a) Las canciones de la recepción del Comendador (Acto I, vv. 529-544, 591-594).

b) Las de las bodas (Acto II, vv. 1473-1475, 1503-1509).
c) La bellísima canción del Comendador (Acto II, vv. 1546-1569).
d) La de la bienvenida a los Reyes Católicos (Acto III, vv. 2028-2030, 2035-2042, 2047-2056).

Aquí también cabe situar el uso de refranes y frases sentenciosas, propios del habla popular, y acomodados a la lección política y moral que se desprende de la obra.

— Pónganse algunos ejemplos.

Sin embargo, en *Fuente Ovejuna,* aunque los personajes principales sean villanos, aparecen también otros de diferente rango social, que se expresan con formas más cultas.

— Analícense, por ejemplo, las intervenciones de los Reyes Católicos.

Lope matiza, por lo tanto, el estilo según los personajes, pero además también puede notarse en *Fuente Ovejuna* una variedad según la situación: frente a la retórica del principio de la obra (obsérvese, por ejemplo, la intervención del Comendador ante el Maestre, que ocupa, vv. 69-103), frente al tono narrativo y verista, ceñido al texto que sirve de fuente, de la parte noticiera de la obra (hechos de Ciudad Real), frente al tono sentencioso, impersonal y generalizador que aparece en ocasiones, encontramos las formas directas, breves y apasionadas de los momentos más tensos de la obra, que culminan en los gritos colectivos o «apellidos».

— Elíjase un fragmento de la obra y analícense los recursos literarios que aparezcan, teniendo en cuenta lo dicho en este apartado.

Métrica

Fuente Ovejuna es un ejemplo claro de la polimetría de la comedia española y los distintos tipos de estrofa se acomodan a las situaciones dramáticas (véanse **33**, **47** y **55**), tal como Lope expuso en su *Arte nuevo de hacer comedias:*

> Acomode los versos con prudencia
> a los sujetos de que va tratando;
> las décimas son buenas para quejas,
> el soneto está bien en los que aguardan,
> las relaciones piden romances,
> aunque en octavas lucen por extremo;
> son los tercetos para cosas graves
> y para las de amor las redondillas.
>
> (vv. 305-312)

Las estrofas que predominan son los romances y las redondillas, que, aunque también se utilizan para otros asuntos, muestran la importancia esencial tanto del elemento narrativo como del amoroso dentro de la obra.[1]

— Analiza la forma métrica y relaciónala con su contenido en:
1) Acto I, vv. 69-140.
2) Acto III, vv. 2161-2174.
3) Acto III, vv. 1848-1919.
4) Acto III, vv. 1652-1711.

Sin embargo, en esta obra existe como peculiaridad métrica el uso, único en las comedias de Lope, de las coplas en relación con coplillas de estribillo, que presentan a veces la fluctuación silábica de la poesía popular.

---

[1] Un estudio exhaustivo de las estrofas utilizadas en *Fuente Ovejuna* lo podemos encontrar en las ediciones que de la obra hacen Francisco López Estrada para la colección «Clásicos Castalia» y Juan María Marín para Ed. Cátedra.

— Analiza la forma métrica de: Acto II, vv. 1472-1474 y 1503-1509.

En cuanto a las rimas, debido quizás a que en la dramática se permitía una mayor libertad que en la lírica o a que Lope escribiera la obra con excesiva rapidez, se observa que a veces se mezclan rimas consonantes con asonantes, o viceversa, y la presencia de rimas pobres, formadas con palabras iguales o relacionadas morfológicamente.

Sentido de *Fuente Ovejuna*

Recordemos que el mensaje literario suele ser plurisignificativo, hasta el punto de que se ha llegado a decir que hay tantas lecturas de una obra como lectores tenga. Resulta, por lo tanto, lógico —y enriquecedor— que existan distintas interpretaciones de una obra. Sin embargo, no debemos olvidar que cualquier opinión que se ofrezca en un estudio serio de una obra no debe ser tan sólo subjetiva, sino que ha de estar apoyada en razones válidas que surjan tanto de una lectura profunda y completa de la obra como de un conocimiento del autor y de la circunstancia histórica en que se escribió.

Como vimos en la Introducción al analizar la fortuna literaria de *Fuente Ovejuna*, esta obra ha suscitado un enorme interés desde hace poco más de un siglo, y así los estudios y acercamientos críticos a la obra son muy numerosos y realizados desde distintas perspectivas.

Resumamos las aportaciones más interesantes:

— Hay autores que, ante todo, le encuentran un sentido sociopolítico a la obra. Pero dentro de esto hay opiniones distintas:

a) Unos la interpretan como una obra progresista o revolucionaria, y aquí volvemos a encontrar distintos matices: desde los que la consideran un «drama de defensa y reacción contra la injusticia» (Vossler) o «la primera obra dramática en favor de los oprimidos» (Dámaso Alonso), hasta los que realizan una interpretación marxista, considerándola como un incidente en la larga etapa pre-revolucionaria de la lucha de clases (Wolfe y Boiadzhiev).

b) Otros, por el contrario, opinan que la obra es reaccionaria (R. García Aguilera y M. Hernández Ossorno), que trata de defender el sistema político vigente en los tiempos de Lope y de evitar la transformación social.

— Hay otros críticos que niegan estas interpretaciones socio-políticas y suelen analizar la obra en función de la historia de las ideas.

Así, Casalduero piensa que lo que encierra la obra es una problemática moral y que su centro se encuentra en el triángulo amoroso Comendador-Laurencia-Frondoso, la mujer entre dos hombres con distinta concepción del amor.

Leo Spitzer inserta la obra dentro del platonismo de la relación entre amor y armonía, rotos y recompuestos en la obra en lo personal y en lo social.

— Otros autores procuran aprovechar diversas conclusiones de la crítica y realizar una síntesis.

Javier Herrero relaciona los diversos temas filosóficos que aparecen en la obra con su momento histórico: el triunfo de la monarquía absolutista sobre la aristocracia feudal y las Órdenes Militares, que posibilitará la restauración de la armonía.

Trabajo en grupo:

1) Se establecerán tantos grupos como interpretaciones se han ofrecido de la obra. Cada grupo debe hacer suya la opinión elegida y buscar el material en que apoyarla, a la vez que hacer una crítica de la misma.

2) Los grupos expondrán los resultados de su estudio y pasarán a una discusión general.

LA EDITORA

MARÍA TERESA LÓPEZ GARCÍA-BEDOY

Catedrática de Lengua y literatura castellanas del IES Camp de Túria de Llíria (Valencia), es autora de estudios sobre Fernán Caballero y ha colaborado estrechamente con F. López Estrada en obras de Juan Ramón Jiménez, Bécquer, Lope de Vega, Alfonso X, libros de pastores, etc.

ESTE LIBRO SE TERMINÓ DE IMPRIMIR
EL DÍA 28 DE ABRIL DE 2019